SUGAR FREE

Du même auteur aux Éditions de La Martinière

Leçon n° 1
Les gâteaux de l'avent de Christophe
Leçon n° 2
Les chocolats et petites bouchées de Christophe
Leçon n° 3
Les pâtes et tartes de Christophe
Leçon n° 4
Les crèmes de Christophe
Leçon n° 5
La décoration en pâtisserie de Christophe
Leçon n° 6
Les macarons de Christophe
Leçon n° 7
Les brioches et viennoiseries de Christophe
Leçon n° 8
Les gâteaux classiques de Christophe
Leçon n° 9
Les mignardises de Christophe
Les Gratins de Christophe
Glaces et desserts avec Pierre Paillon
Mes 100 recettes de chocolat
Mes 100 recettes de gâteaux
Les Dim Délices
Les Mijotés de Christophe
Clafoutis maison
Les Folles tartes
Les Douceurs de Christophe
Les Meilleurs choco-délices
Les Meilleurs Glaces et sorbets
Les Meilleurs Mijotés
Les Meilleurs Gratins
Les Meilleurs Clafoutis
Les Meilleurs Macarons
Les Meilleurs Spéculoos
Les Meilleurs Macarons salés
Mes recettes Haribo®
Pâtisserie !
Mes p'tits choux
Macarons

Conception et réalisation graphique : BABYLONE 19
Photographies de Catherine Madani

ISBN : 978-2-7324-5376-7
Connectez-vous sur www.lamartinieregroupe.com

Christophe FELDER

SUGAR FREE

50 DESSERTS CANDEREL 100 % SUCRALOSE

Éditions
de La Martinière

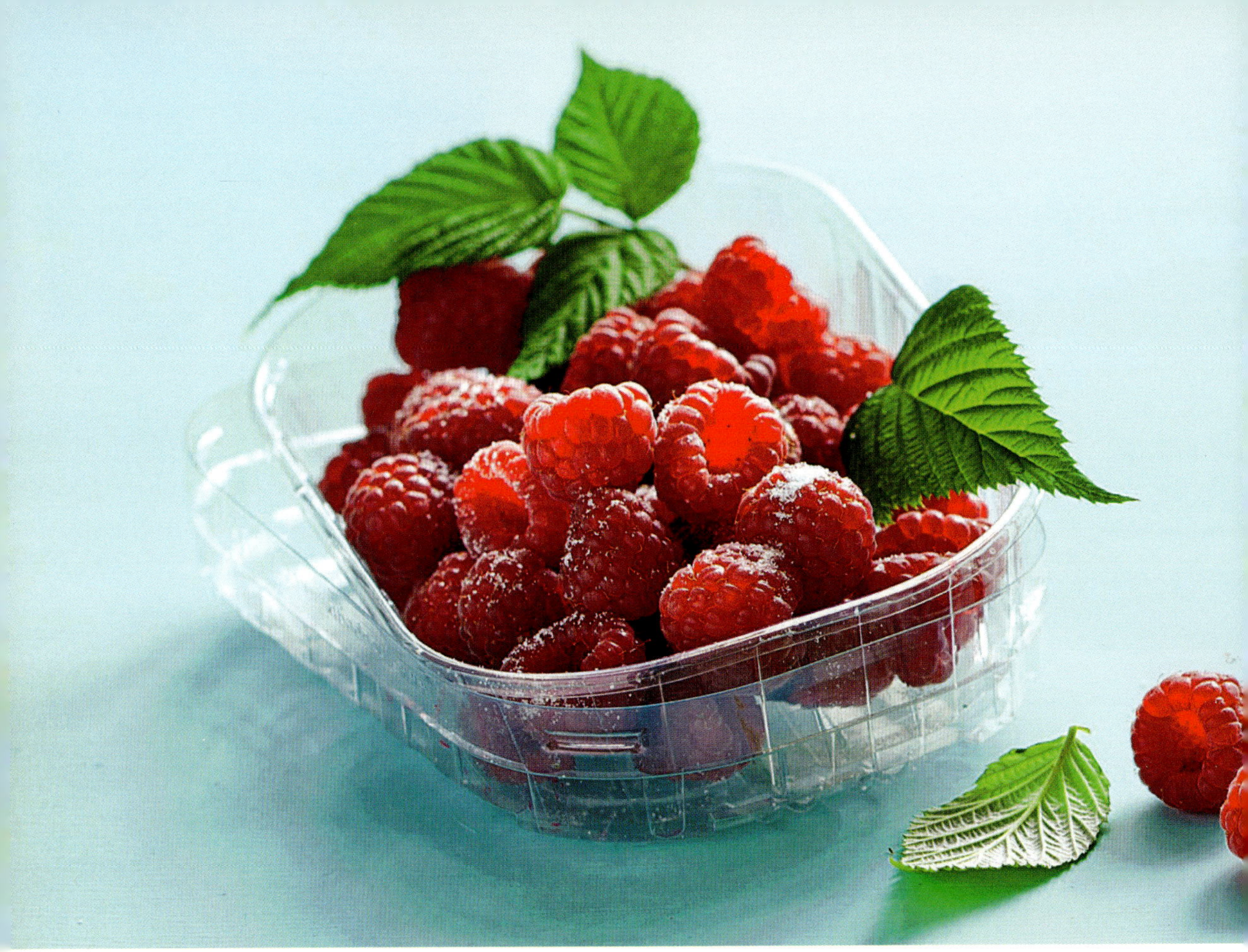

SOMMAIRE

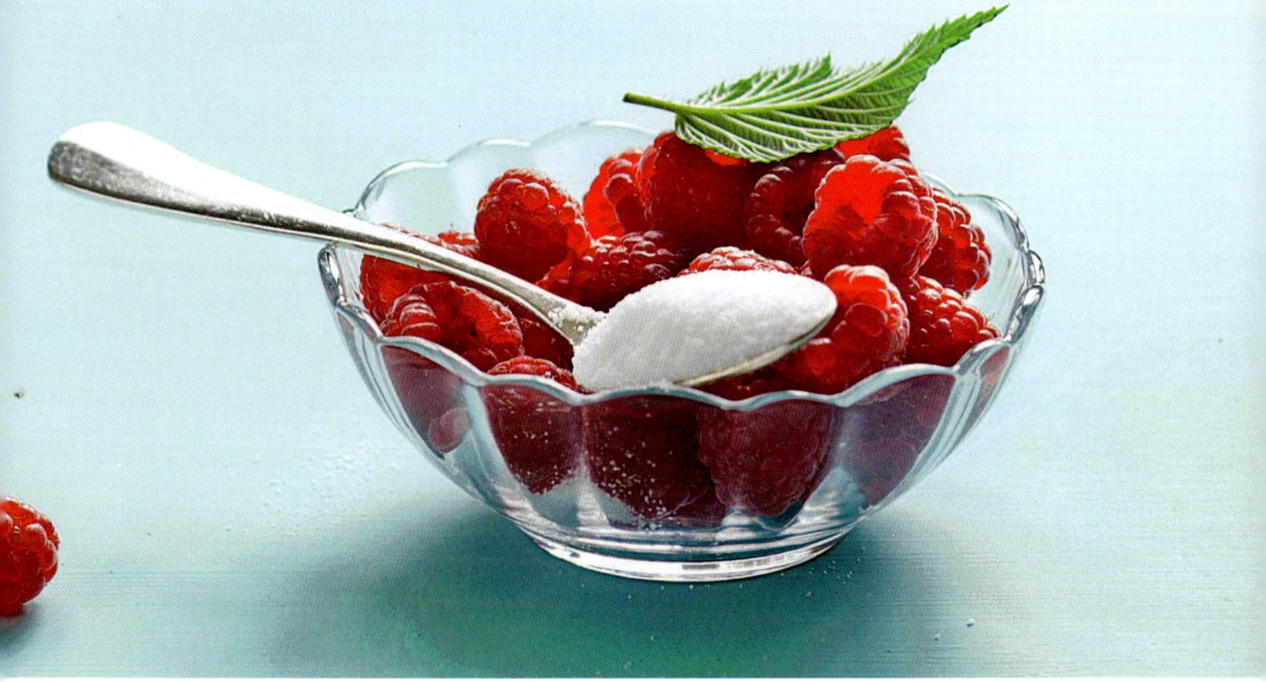

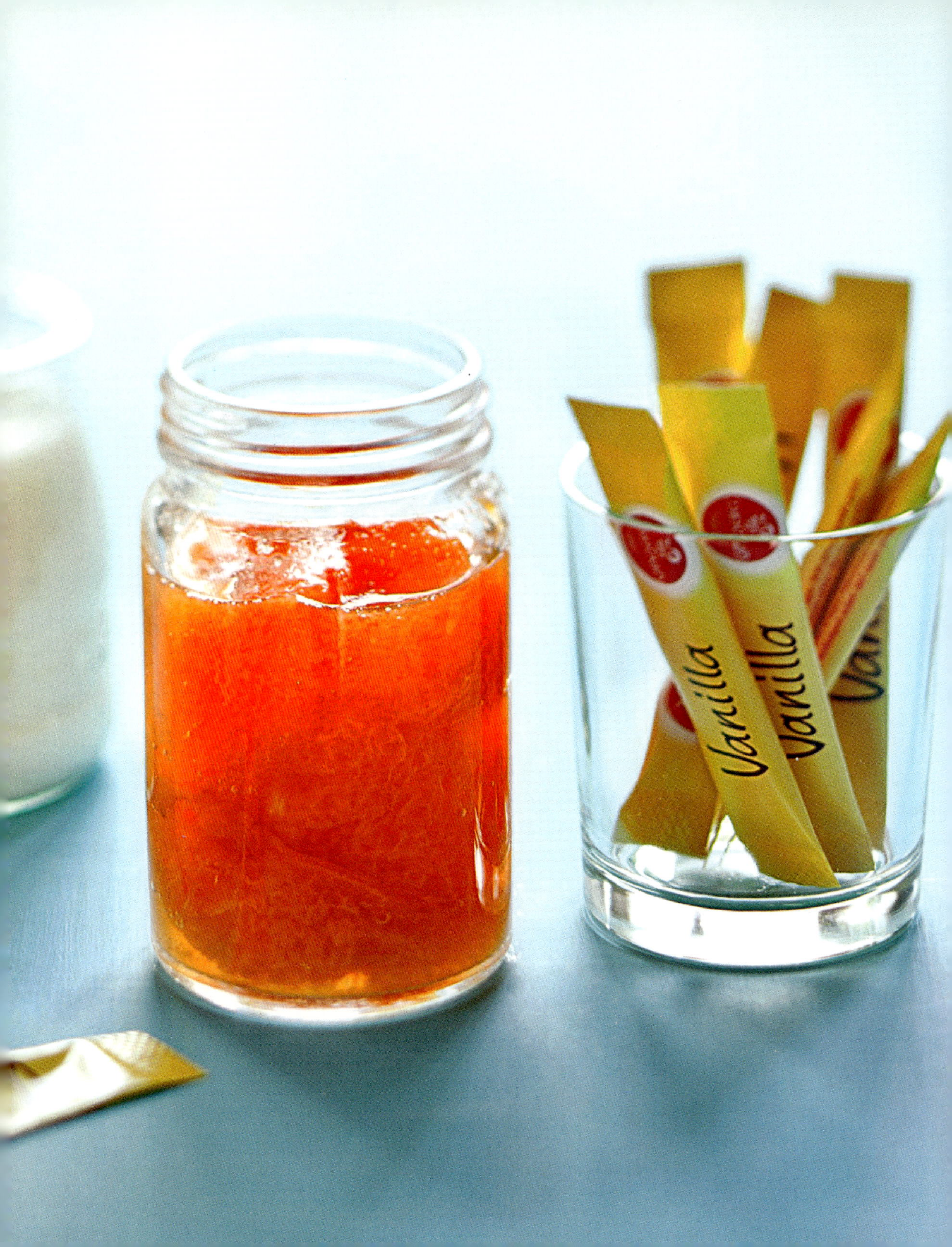
Vanilla
Vanilla

PLAIDEZ DESSERTS NON COUPABLES !!!

Le grand chef pâtissier Christophe Felder, reconnu pour ses exquises gourmandises, s'est associé à CANDEREL pour vous livrer un florilège de desserts qui, devant le juge anti-calorique, pourraient plaider non-coupables !
Le célèbre pâtissier a su conjuguer tout son savoir-faire et son style singulier à la légèreté et à la subtilité, en devenant avocat de la défense des pâtisseries sans complexes. Pour ce faire, il a élaboré une cinquantaine de recettes en tous genres : pâtisseries, viennoiseries, entremets, biscuits et confiseries... dépourvues de sucre (de saccharose) ! Des douceurs sans sucre, n'est-ce pas contradictoire direz-vous ? Le challenge était effectivement de taille pour ce pâtissier, maître de la gourmandise. Et pourtant, la mission est bel et bien remplie grâce à la magie du sucralose...

Quel est ce produit révolutionnaire s'immisçant dans les desserts les plus tentants avec la capacité de garantir une délectation sans conséquence ? Le sucralose ! Depuis plus de 30 ans, CANDEREL est présent dans votre quotidien et ne cesse d'innover pour que vous continuiez de vous faire plaisir en toute légèreté. En 2012, il lance 100 % sucralose, une nouvelle gamme à base d'un édulcorant unique, le sucralose. Il provient du sucre, mais n'en est pas ! C'est un dérivé de celui-ci obtenu grâce à un processus de fabrication breveté.
Avec son pouvoir sucrant 600 fois supérieur à celui du sucre,
il a la faculté d'offrir un plaisir identique à ce dernier, les calories et les caries en moins... Il ne présente aucun arrière-goût, sa saveur optimisée est proche du sucre.

La poudre CANDEREL 100 % Sucralose® a d'ailleurs été reconnue Saveur de l'année 2012 par les consommateurs. Facile à doser avec son bouchon verseur, la poudre s'utilise de la même manière que le sucre avec la proportion suivante : une cuillère à café de CANDEREL est équivalente à la saveur sucrée d'une cuillère à café de sucre. En revanche, si son volume est bien équivalent à celui du sucre, son poids est à diviser par 10 dans les pesées de préparations culinaires (100 g de sucre seraient à substituer par 10 g de sucralose). Et côté calories une cuillère à café de CANDEREL équivaut à 2 kcal tandis qu'une cuillère à café de sucre équivaut à 20 kcal.

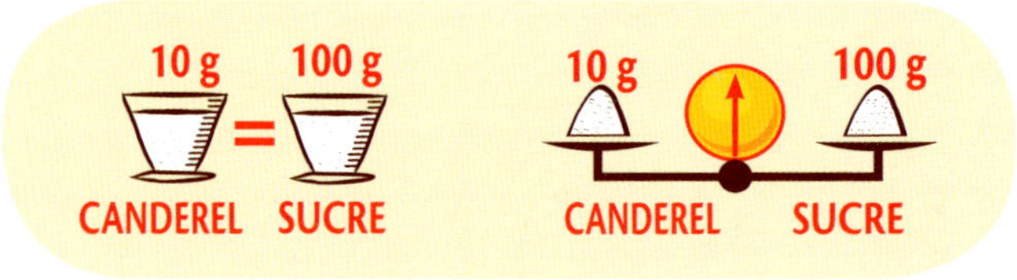

Une différence sans commune mesure permettant ainsi de répondre au Programme National Nutrition Santé (PNNS), qui conseille de limiter sa consommation en sucre et aliments à forte teneur en sucre. Audrey Bouquet, diététicienne chez CANDEREL, soutient donc que la poudre CANDEREL 100 % Sucralose® est idéale pour atteindre cet objectif de santé public tout en se faisant plaisir avec des desserts légers...

Le sucralose est adapté à toute la famille et à toutes les situations, il se glisse partout, du café au yaourt en passant par vos préparations culinaires.
À l'instar du panel de démonstrations culinaires qui vous ont été préparées par Christophe Felder, le sucralose résiste parfaitement à la cuisson, au-delà d'une température de 200 °C et sans aucune perte de ses propriétés. Si le sucralose, acalorique et acariogène, convient aux enfants comme aux personnes âgées, femmes enceintes ou allaitantes, il est également idéal pour les diabétiques, dans le cadre d'une alimentation équilibrée.
Afin de vous satisfaire dans toutes vos pauses gourmandes et sucrées de la journée, CANDEREL 100 % Sucralose® se décline suivant toute une gamme de produits (comprimés, poudre et liquide...). Et toujours sans calorie ou presque !

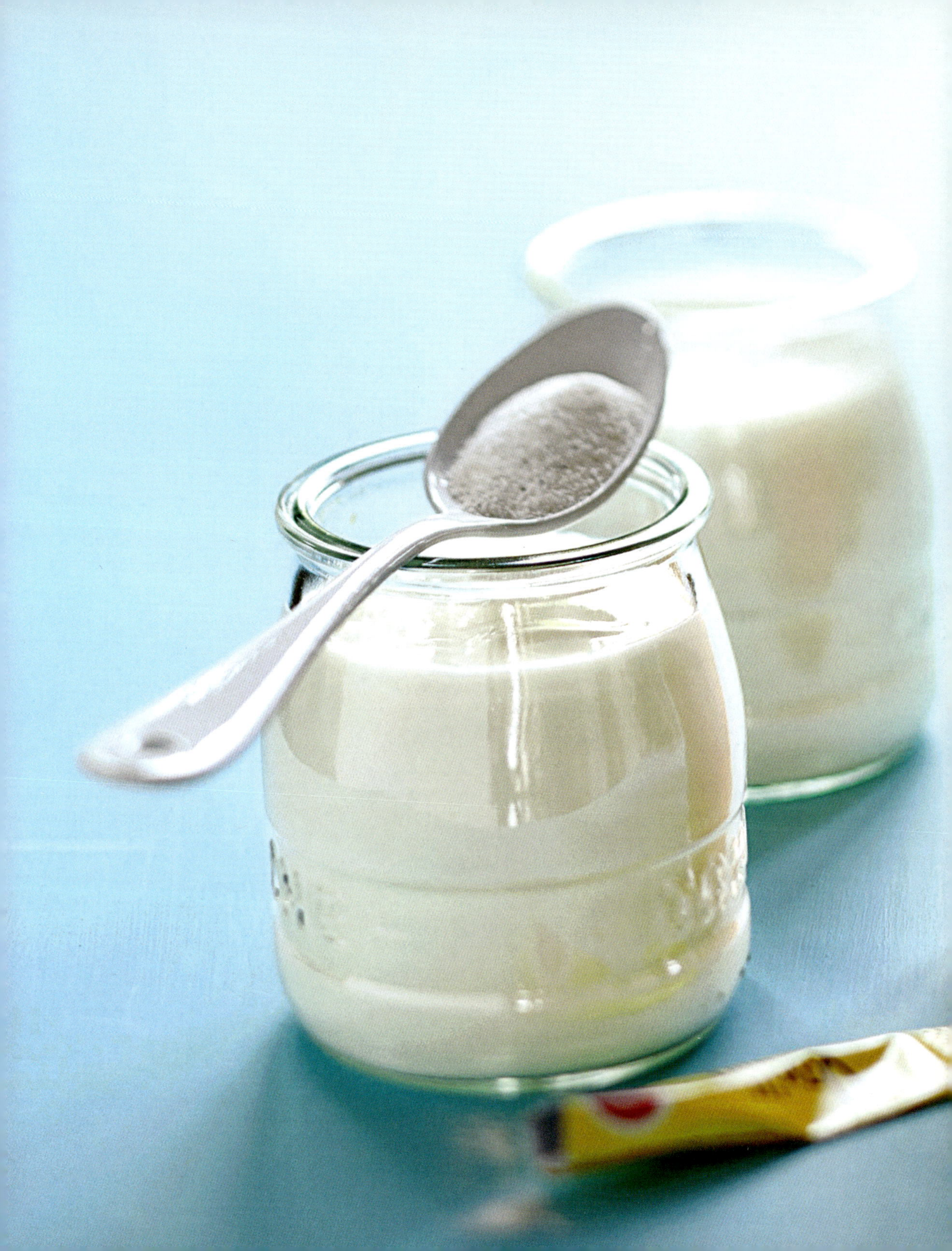

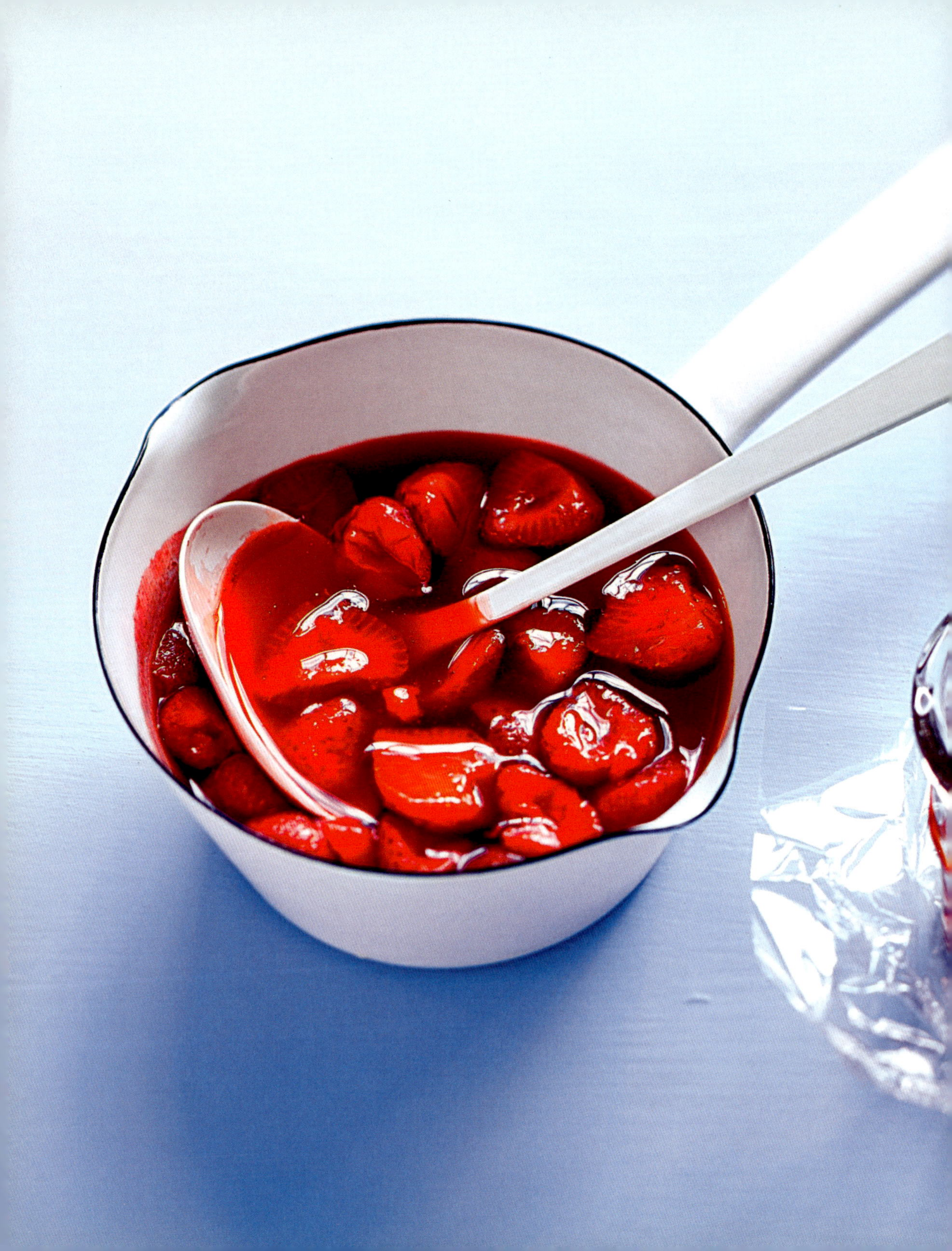

2 calories par cuillère à café (contre 20 calories pour une cuillère à café de sucre) pour la poudre, 4 calories par stick nature (contre 40 pour le sucre) et 7 calories par stick Vanilla (contre 40 pour le sucre).

Les comprimés peuvent sucrer vos boissons chaudes, tandis que les sticks sont parfaits pour vos utilisations nomades. La poudre, quant à elle, peut sucrer vos céréales, fruits, produits laitiers ou être utilisée en cuisine pour réaliser vos desserts gourmands. Vanilla, aux arômes naturels de vanille de Madagascar, est une petite dose de fantaisie pour vos papilles !
Voilà de quoi vous mettre à la saveur de cet édulcorant unique, sans conséquence et sans bouder votre plaisir. Surprenez votre famille et vos convives, qui seront bluffés d'apprendre que vos succulents desserts ne contiennent pas de sucre !

Vous êtes gourmandes et gourmands, mais néanmoins soucieux de votre santé et de votre ligne, le sucralose est alors votre solution. Pour vous mettre au parfum, quoi de plus alléchant que ces recettes élaborées pour vous par Christophe Felder...
Que vous soyez plutôt desserts gourmands à souhait, ou fruités et légers, les recettes qui suivent vous permettront de vous convertir en douceur au sucralose et de poursuivre votre chemin des plaisirs sucrés, mais sans plus aucune culpabilité.

Plaidez desserts non coupables !
Tiphaine Campet

MERCI CHRISTOPHE !!!

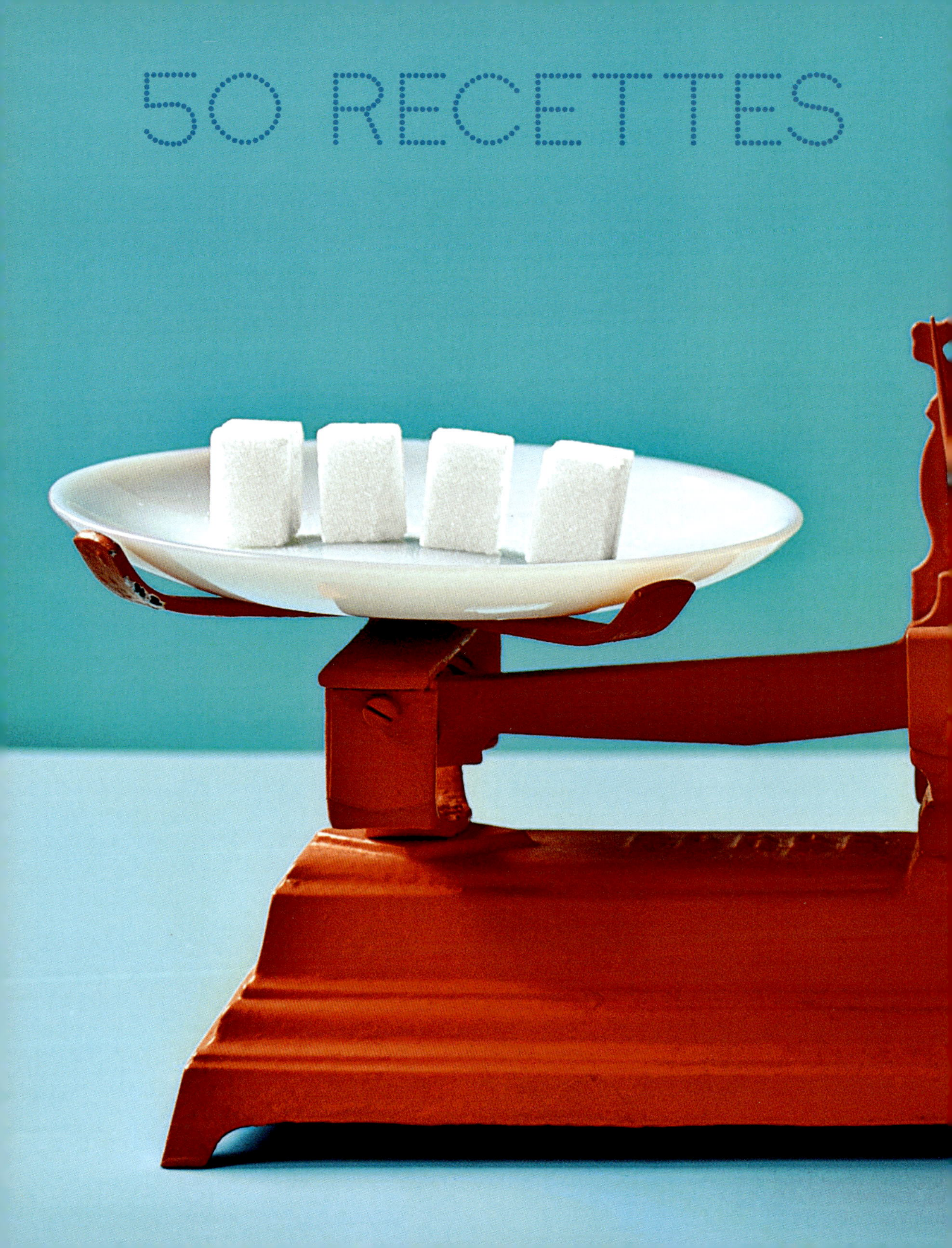
50 RECETTES

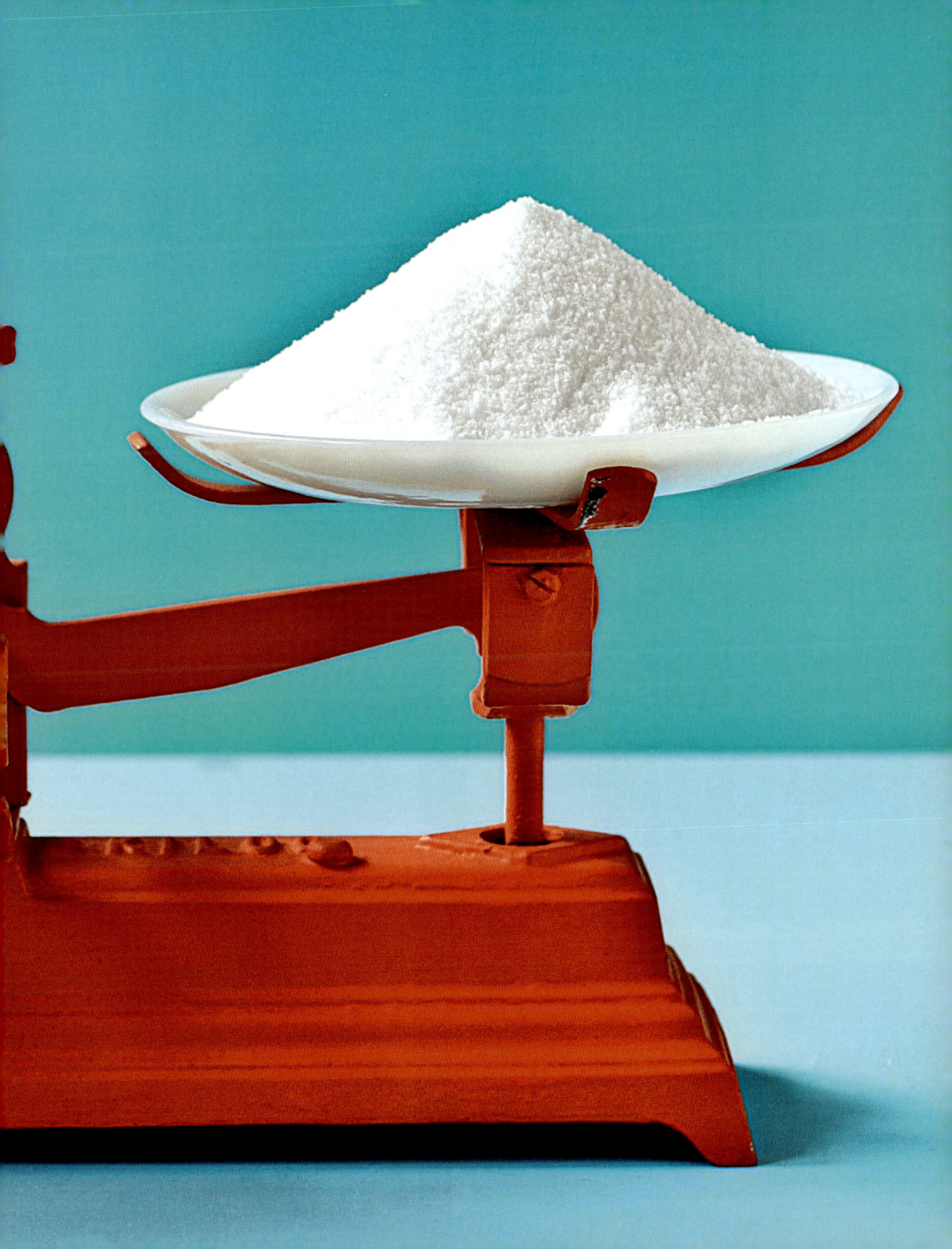

BROWNIES

Nombre de calories : 343,5 Kcal par personne
Réduction calorique : -31,3 %

22,8 G DE GLUCIDES

Préparation : 40 min
Cuisson : 25 min

Pour 10 personnes

INGRÉDIENTS
90 g de chocolat noir
de 60 à 70 % de cacao
170 g de beurre allégé
3 œufs
15 g de CANDEREL Sucralose®
90 g de vergeoise brune
40 g de farine
10 g de cacao amer en poudre
75 g de cerneaux de noix hachés
1 sachet de Vanilla®

Pour la ganache
150 g de chocolat à 60 %
de cacao
15 cl de crème légère liquide
1 cuil. à café de beurre allégé

Préchauffez votre four à 170 °C (th. 5-6).

PRÉPAREZ LE BISCUIT. Faites **FONDRE** le chocolat au bain-marie, puis ajoutez le beurre allégé ramolli. Mélangez jusqu'à l'obtention d'une texture lisse et tiède. Incorporez les jaunes d'œufs, la vergeoise, le CANDEREL Sucralose® et la Vanilla®. Mélangez à nouveau.

Incorporez à la farine tamisée avec le cacao, les noix et les blancs d'œufs montés **EN NEIGE TRÈS SOUPLE.** Mélangez délicatement et incorporer le tout à la préparation précédente. Versez la pâte dans un plat rectangulaire chemisé de papier sulfurisé sur 2 cm d'épaisseur. Faites cuire au four pendant 25 minutes. Laissez refroidir.

PRÉPAREZ LA GANACHE. Hachez le chocolat avec un couteau ou dans un robot. Faites **BOUILLIR** la crème légère liquide et versez-la doucement en plusieurs fois sur le chocolat haché en mélangeant à chaque fois. Ajoutez le beurre allégé en pommade.

Servez le brownie coupé en tranches et **ZÉBREZ-LE DE GANACHE** à l'aide d'une poche à douille ou d'un cône réalisé avec du papier sulfurisé.

Pour le sublimer, **SERVEZ-LE TIÈDE** surmonté d'un peu d'ananas mixé en compote.

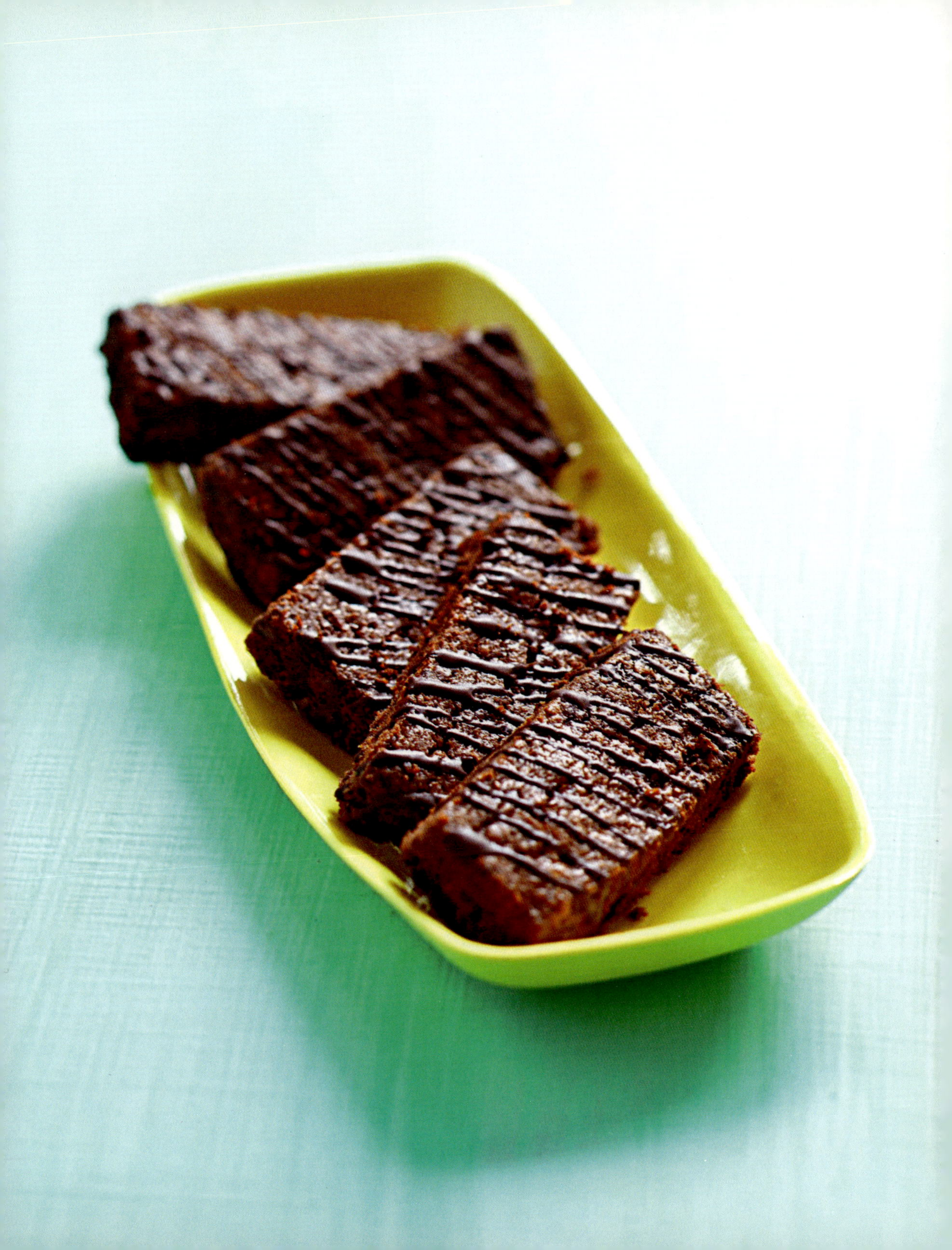

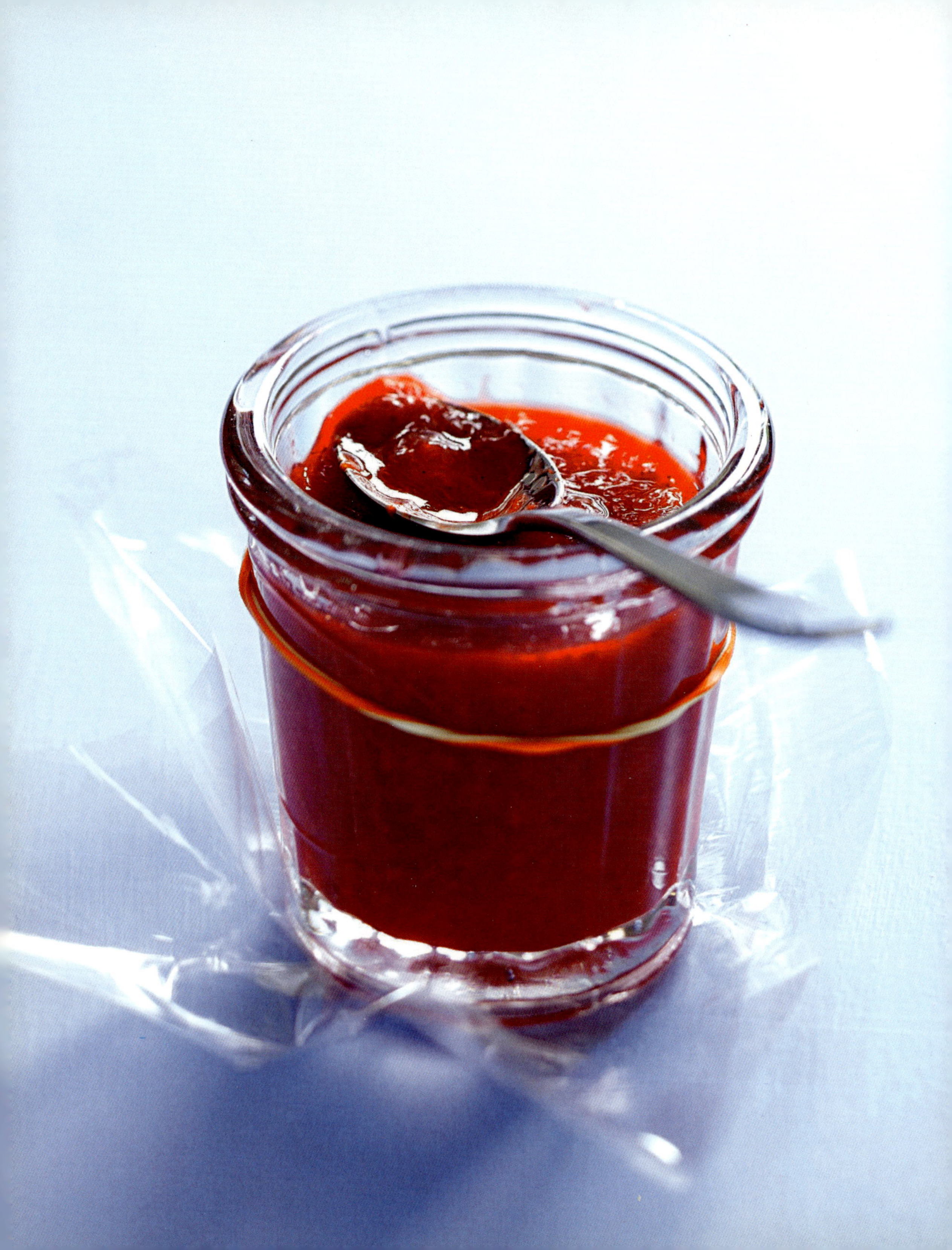

CONFITURE DE FRAISES AU YUZU

Nombre de calories : 210,42 kcal par pot
Réduction calorique : -61,4 %

17,1 G DE GLUCIDES

Préparation : 10 min
Cuisson : 10 min

Pour un pot

INGRÉDIENTS

300 g de fraises
50 g de jus de yuzu
10 g de CANDEREL Sucralose®
3 sachets de Vanilla®

ÉQUEUTEZ et coupez les fraises en petits morceaux. Ajoutez le jus de yuzu et le CANDEREL Sucralose®, puis mélangez. Faites cuire le tout au **MICRO-ONDES** à puissance maximale, dans un grand récipient, pendant 4 minutes.

Mélangez pour **HOMOGÉNÉISER** puis cuisez de nouveau au micro-ondes à pleine puissance pour 4 minutes. Mélangez une fois de plus puis terminez la cuisson pendant 2 minutes au micro-ondes.

Ajoutez les sachets de Vanilla®, mélangez et **LAISSEZ REFROIDIR** avant d'entreposer au réfrigérateur.

Le jus de yuzu se trouve en épicerie asiatique ou sur Internet. À défaut, vous pouvez le remplacer par du jus de citron vert et un peu de gingembre.

PETITES MERINGUES À LA ROSE

Nombre de calories :
15,2 Kcal
par meringue
-41,5 %
Réduction calorique :

3,4 G DE GLUCIDES

Préparation : 10 min
Cuisson : 1 h

Pour env. 30 pièces

INGRÉDIENTS

100 g de blancs (env. 3 gros blancs d'œufs)
9 g de CANDEREL Sucralose®
90 g de sucre glace
1 cuil. à café de Maïzena®
Quelques gouttes d'arôme de rose
Quelques gouttes de colorant rose

Préchauffez le four à 100 °C.

Montez les BLANCS EN NEIGE au batteur. Une fois bien fermes, ajoutez le CANDEREL Sucralose®, le sucre glace, la Maïzena®, l'arôme de rose et le colorant rose. SERREZ LES BLANCS encore quelques secondes.

Couchez les meringues de la taille d'une noix À L'AIDE D'UNE POCHE À DOUILLE sur une plaque à four recouverte de papier sulfurisé.

Enfournez pour 2 HEURES.

LAISSEZ REFROIDIR les meringues avant de les déguster.

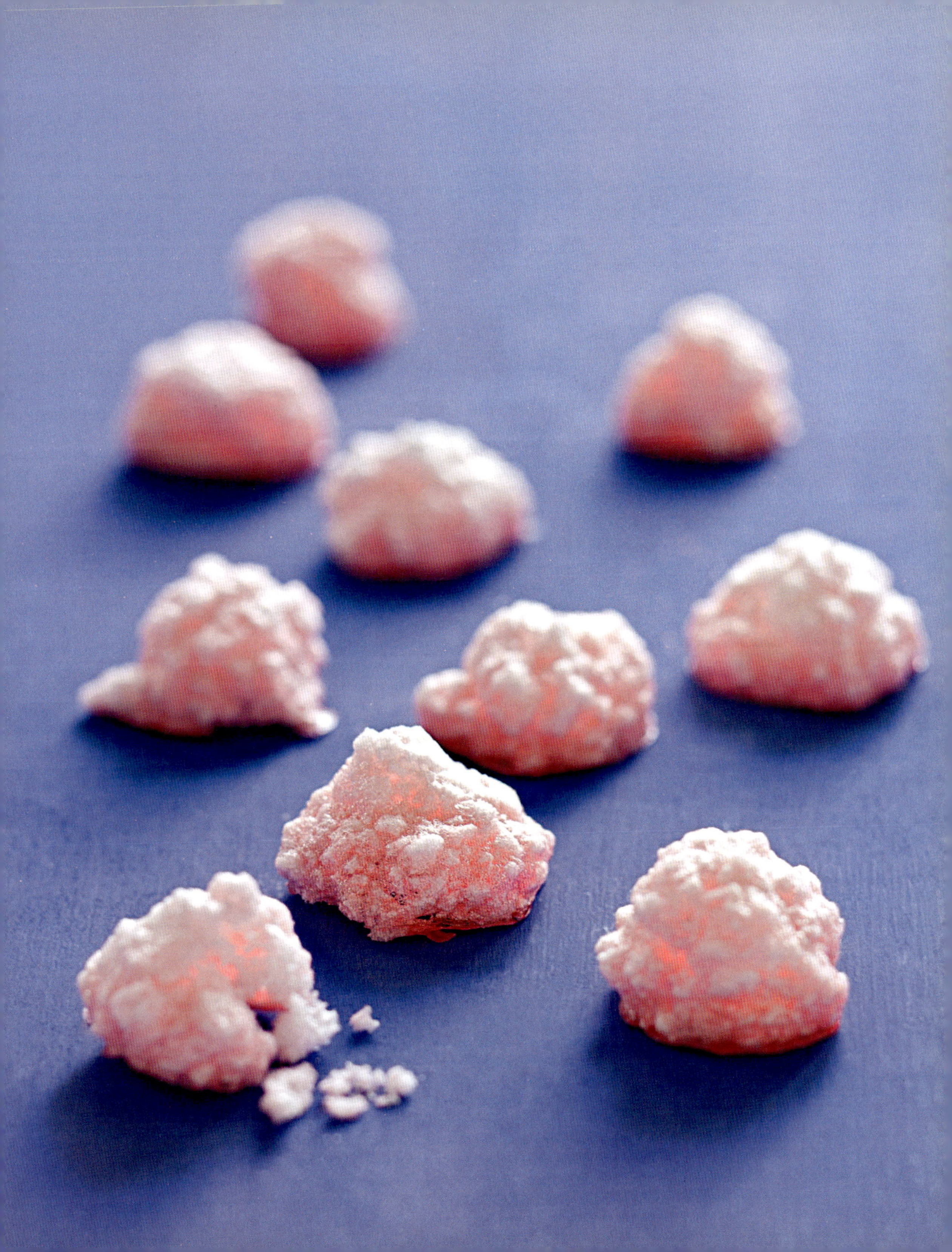

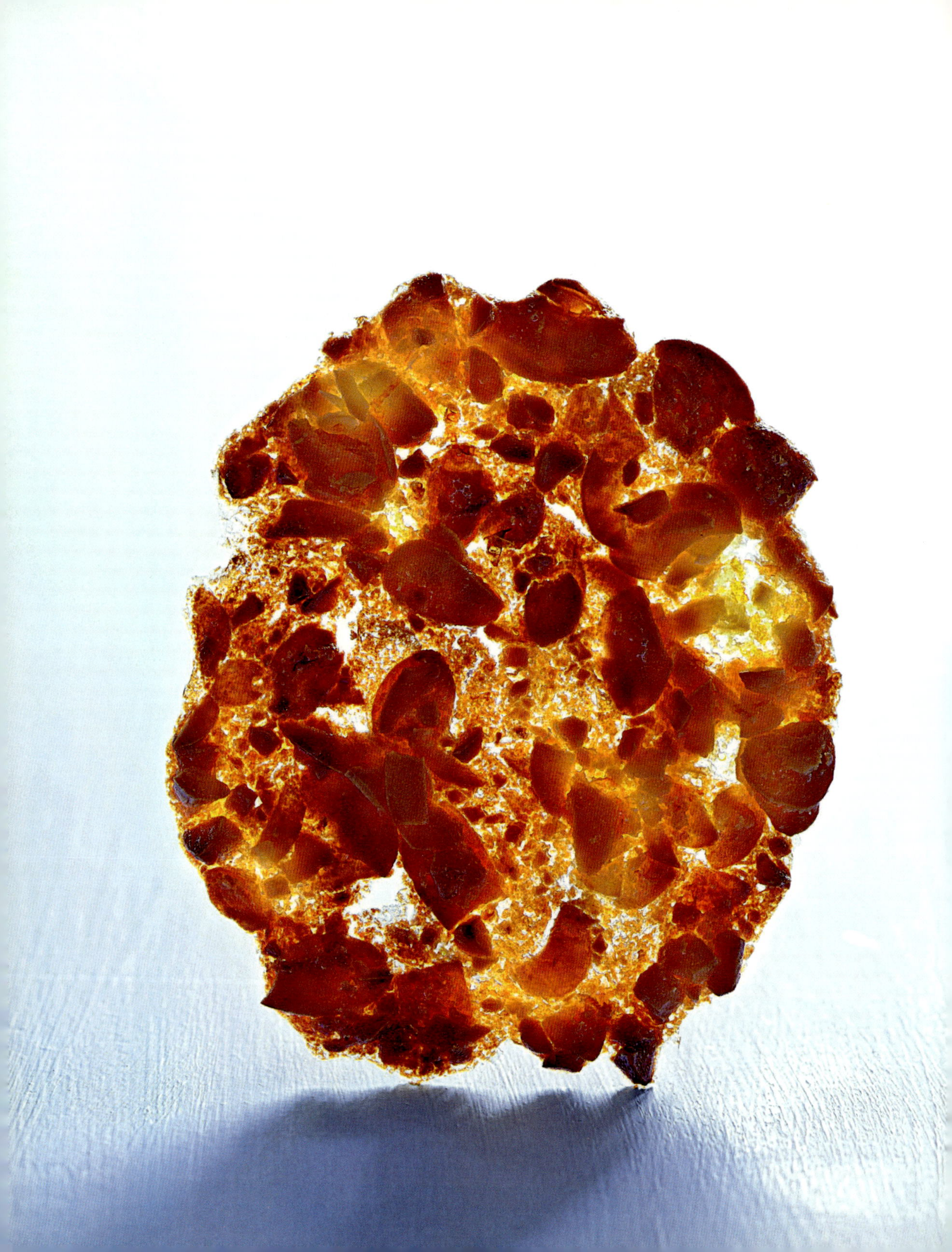

TUILES À L'ORANGE

Nombre de calories : 85 Kcal par portion

Réduction calorique : -36,1 %

11 G DE GLUCIDES

Préparation : 10 min
Cuisson : 8 à 10 min

Pour env. 15 pièces

INGRÉDIENTS

15 g de CANDEREL Sucralose®
60 g de jus d'oranges pressées
Zestes râpés de 1/2 orange
30 g de farine
50 g de beurre allégé fondu tiède
15 g d'amandes mondées hachées
40 g d'amandes effilées

Préchauffez le four à 180 °C.

Mélangez pour **LISSER**, le CANDEREL Sucralose® avec le jus d'orange et les zestes.

Ajoutez la farine, le beurre allégé fondu tiède et les amandes hachées et effilées. Mélangez délicatement afin de **NE PAS CASSER LES AMANDES** effilées, qui doivent rester entières.

Étalez à l'aide d'une cuillère de petits tas d'appareil à tuiles sur une plaque à four beurrée et farinée. Aplatir à l'aide d'une fourchette **TREMPÉE DANS DE L'EAU FROIDE.**

ENFOURNEZ pour environ 8 à 10 minutes jusqu'à ce que les tuiles soient bien dorées et légèrement brunies sur les bords.

Sortez la plaque du four et déposez-la sur un chiffon mouillé afin de **STOPPER LA CUISSON**.

DISPOSER LES TUILES sur des rouleaux si vous souhaitez leur donner une forme voutée.

BARRES COOKIES TOUT CHOCOLAT

Nombre de calories : 148,6 Kcal par cookie
Réduction calorique : -21,3 %

14,8 G DE GLUCIDES

Préparation : 15 min
Cuisson : 15 min

Pour env. 15 pièces

INGRÉDIENTS

90 g de beurre allégé ramolli
8 g de CANDEREL Sucralose®
55 g de vergeoise brune
2 g de sel
1 cuil. à café de vanille liquide
1 petit œuf
100 g de farine
2 g de levure chimique
12 g de poudre de cacao amer 100 %
160 g de chocolat noir de 60 à 70 % de cacao
50 g de chocolat au lait

Préchauffez votre four à 160 °C.

Dans un saladier, **MÉLANGEZ** le beurre allégé, le CANDEREL Sucralose®, la vergeoise brune, le sel et la vanille liquide. Incorporez l'œuf. **LISSEZ** la pâte, puis ajoutez la farine tamisée avec la levure chimique et le cacao.

HACHEZ grossièrement les chocolats avec un couteau ou dans un robot. Incorporez-les à la pâte.

Étalez la pâte en rectangle sur 1 à 2 cm d'épaisseur puis **DÉTAILLEZ-LA EN BARRES.** Disposez-les sur une plaque à four recouverte de papier sulfurisé.

Faites cuire au four pendant 15 minutes environ. À la sortie du four, le centre des cookies doit **RESTER SOUPLE** sous le doigt.

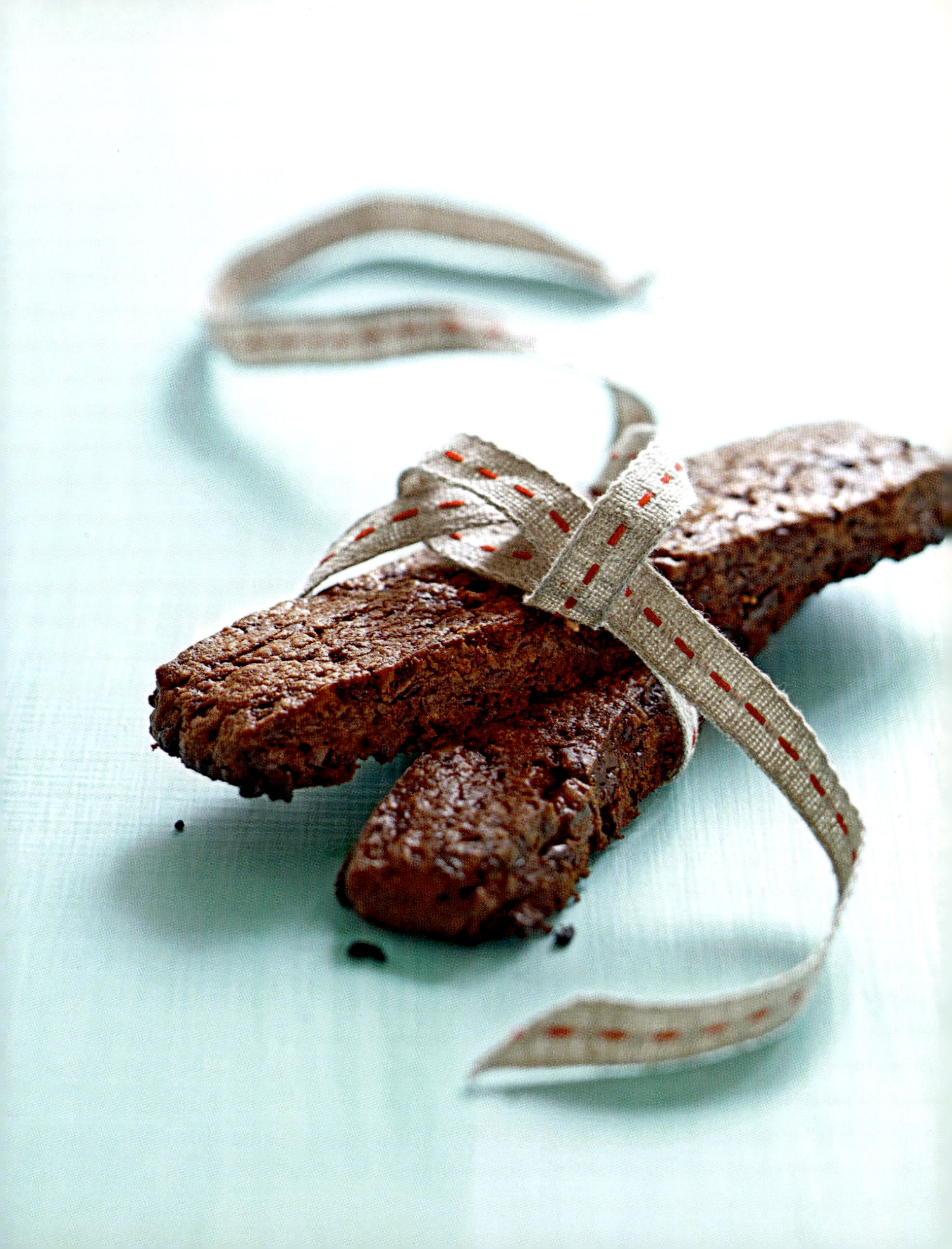

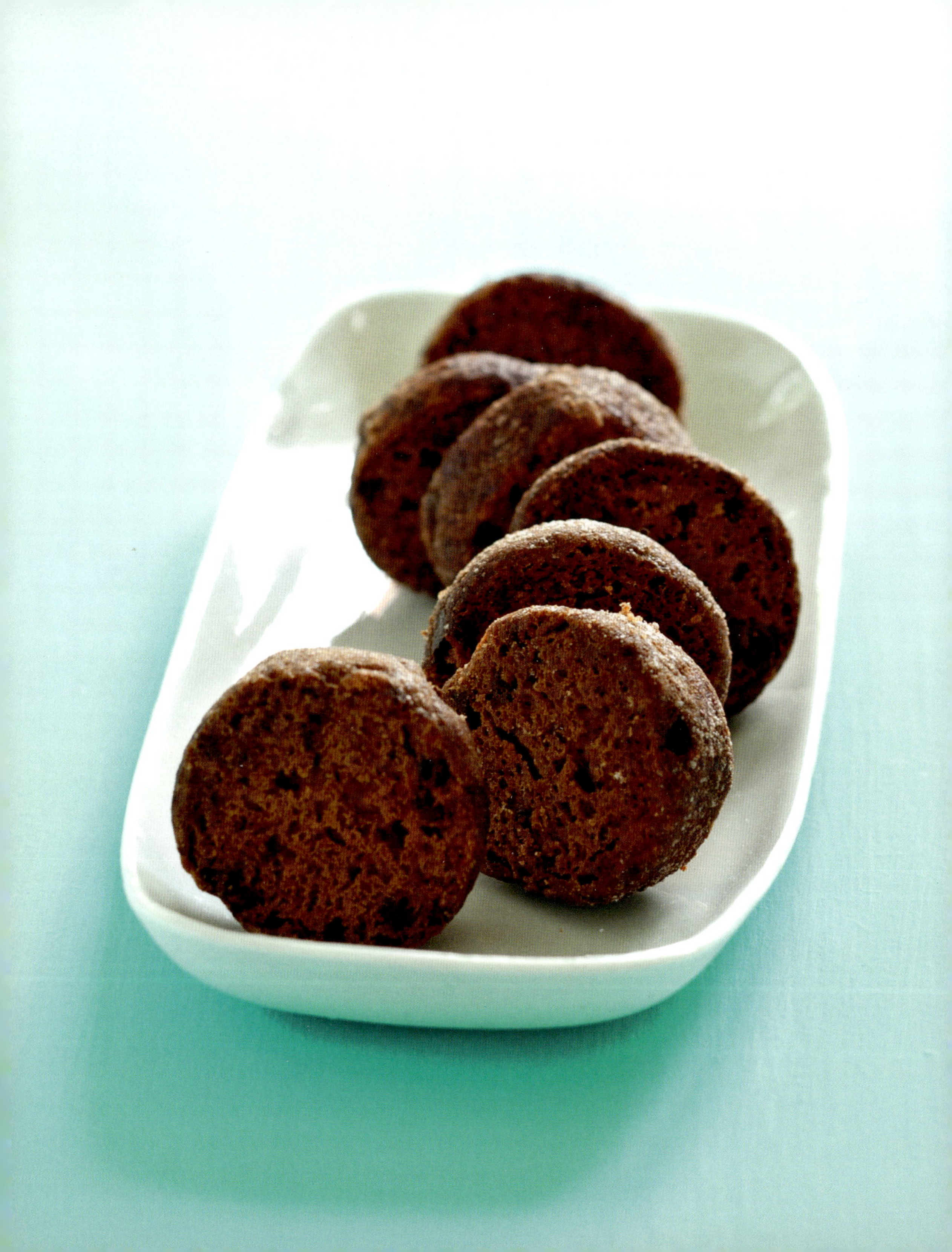

PALETS BRETONS AU CACAO

Nombre de calories : 29 Kcal par portion
-51,5 % Réduction calorique

3,6 G DE GLUCIDES

Temps de préparation : 20 min
Temps de repos : 30 min
Temps de cuisson : 12 à 15 min

Pour env. 50 pièces

INGRÉDIENTS

210 g de farine
150 g de beurre allégé
28 g de CANDEREL Sucralose®
1 cuil. à soupe rase de cannelle en poudre
1 cuil. à soupe de cacao en poudre

Préchauffez votre four à 180 °C.

TAMISEZ la farine sur votre plan de travail. Ajoutez le beurre allégé coupé en petits morceaux, le CANDEREL Sucralose®, la cannelle en poudre et le cacao.

SABLEZ le mélange à deux mains en prenant soin de bien travailler la pâte. Lorsque l'ensemble devient homogène, rassemblez la pâte en boule. Séparez-la en deux parties égales que vous façonnez **EN BOUDINS RÉGULIERS.**

Lorsque les deux boudins sont de taille identique, coupez-les en deux, placez-les sur une planche et laissez-les **REPOSER 30 MINUTES** au réfrigérateur, afin que la pâte puisse être découpée sans qu'elle s'affaisse.

Sortez les boudins du réfrigérateur, **DÉCOUPEZ-LES** à l'aide d'un couteau bien affûté, de manière à obtenir, des tranches d'un centimètre d'épaisseur.

DISPOSEZ LES PALETS sur une plaque recouverte de papier sulfurisé et faites-les cuire durant 12 à 15 minutes.

CHEESECAKE
AUX FRUITS ROUGES

Nombre de calories :
734 Kcal
par personne
-23,5 %
Réduction calorique :

42,8 G DE GLUCIDES

Préparation : 30 min
Cuisson : 1 h
Repos : 3 h

Pour 4 personnes

INGRÉDIENTS
Pour le biscuit
140 g de speculoos
25 g de beurre allégé
1 cuil. à café d'eau

Pour l'appareil
350 g de Kiri®
350 g de St Môret®
30 g de beurre allégé
10 g de CANDEREL Sucralose®
1 cuil. à café de Maïzena®
1 œuf + 1 jaune
1 cuil. à soupe de vanille liquide

Pour le décor
Fraises, framboises, groseilles, speculoos

Préchauffez votre four à 150 °C.

BEURREZ UN MOULE rond à charnières de 22 cm de diamètre.

CONCASSEZ finement les biscuits et ajoutez le beurre allégé fondu et l'eau. Garnissez le fond du moule avec ce mélange et tassez bien. Déposez-le sur une plaque à four recouverte d'un papier sulfurisé. Entreposez **AU RÉFRIGÉRATEUR** pendant 1 heure afin que la pâte durcisse.

Dans un robot, mélangez tous les ingrédients de l'appareil jusqu'à l'obtention d'une **CONSISTANCE HOMOGÈNE.** Versez l'appareil sur le socle de speculoos et enfournez pour 1 heure.

Après cuisson, laissez refroidir et entreposez au réfrigérateur pendant 3 heures.

Au moment de servir, **DÉCOREZ** le dessus du cheesecake de fruits rouges coupés en morceaux, et les pourtours de speculoos réduits en poudre.

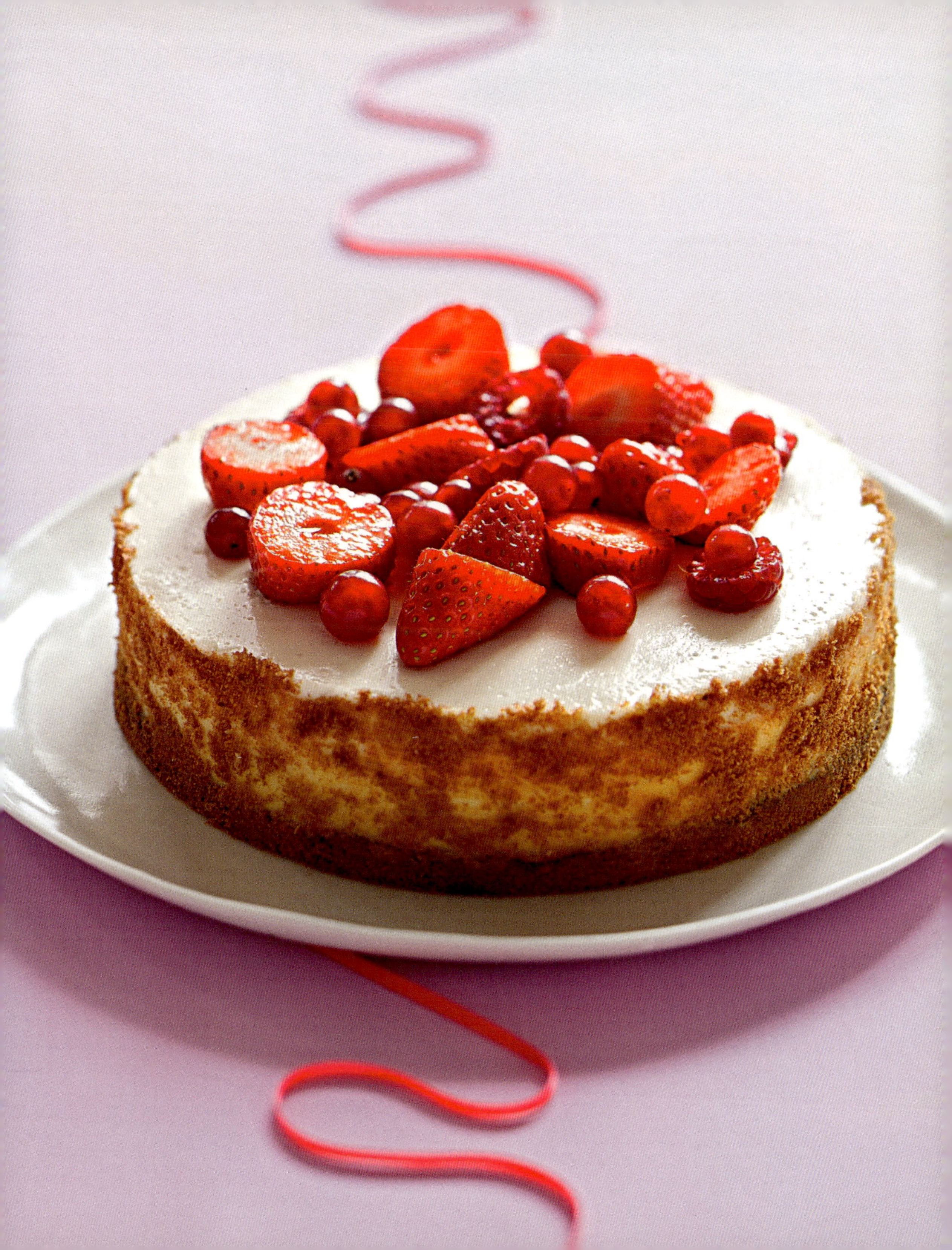

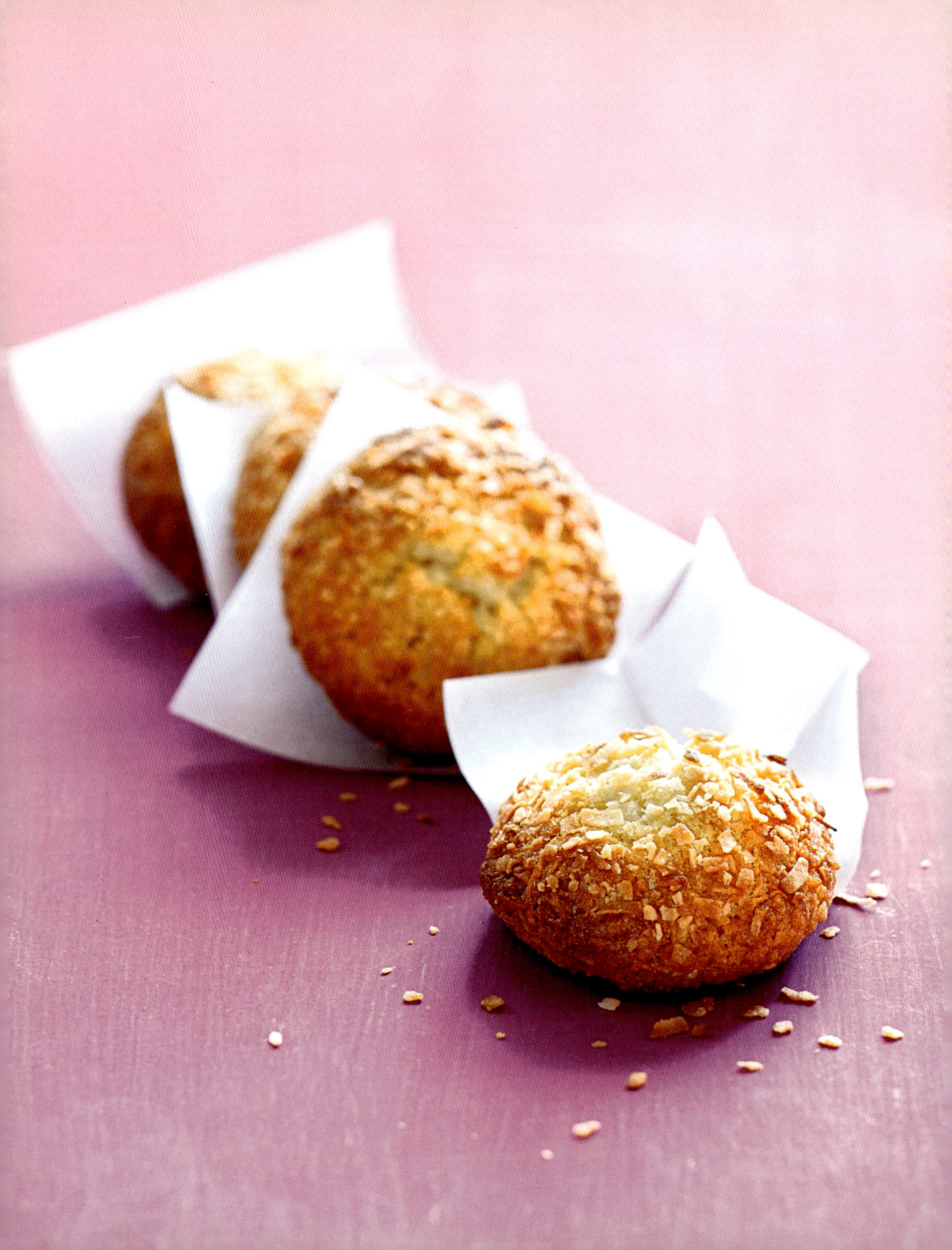

ROCHERS COCO MAMOUNIA

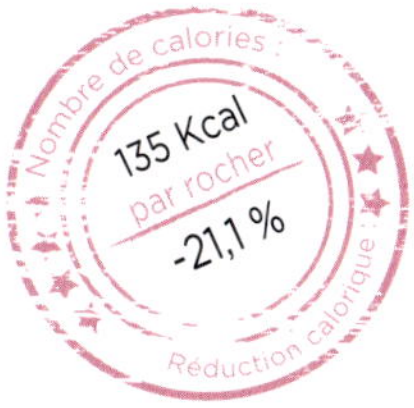

2,6 G DE GLUCIDES

Temps de préparation : 10 min
Temps de cuisson : 10 à 15 min

Pour env. 10 pièces

INGRÉDIENTS

110 g de noix de coco râpée
+ 4 à 5 cuil. à soupe
4 g de levure chimique
1 blanc d'œuf
5 cl d'huile végétale
10 g de CANDEREL Sucralose®

Préchauffez votre four à 180 °C.

MÉLANGEZ dans un récipient à l'aide d'une spatule les 110 g de noix de coco avec le blanc d'œuf, la levure, le CANDEREL Sucralose® et l'huile.

Formez entre vos mains de PETITES BOULES avec la pâte obtenue et ROULEZ-LES dans le reste de noix de coco râpée. Déposez ces petites boules sur une plaque à four recouverte d'un papier sulfurisé et aplatissez-les légèrement. Enfournez pour 10 à 15 minutes.

Laissez TIÉDIR ou REFROIDIR et consommez rapidement.

Conseil : il arrive que CERTAINES VARIÉTÉS DE NOIX DE COCO ne s'amalgament pas bien, il faudra alors changer de marque.
Pour la petite histoire, cette recette je la faisais pour le roi du Maroc à l'hôtel Le Crillon.

CRÈME CATALANE
À L'ORANGE

Nombre de calories :
407 Kcal
par personne
-36 %
Réduction calorique

29,7 G DE GLUCIDES

Préparation : 30 min
Cuisson : 30 min

Pour 6 personnes

INGRÉDIENTS

Pour la crème

25 cl de crème légère liquide
35 cl de lait entier
2 jaunes d'œufs
8 g de CANDEREL Sucralose®
20 g de Maïzena®
Zestes râpés de 1 orange
1 gousse de vanille

Pour le streusel

100 g de beurre allégé frais
8 g de CANDEREL Sucralose®
100 g de farine
70 g de poudre d'amandes
60 g de brisures de speculoos
Colorants rouge et jaune

PRÉPAREZ LA CRÈME CATALANE. Portez à ébullition la crème légère avec le lait et la gousse de vanille fendue en 2 et grattée, puis laissez infuser. Pendant ce temps, **MÉLANGEZ** les jaunes, le CANDEREL Sucralose®, la Maïzena®, le zeste et les graines de vanille.

Versez le liquide dans le mélange des jaunes d'œuf. Passez l'appareil **AU CHINOIS** et portez à ébullition. Mixez puis versez dans des petits ramequins. Laissez **REFROIDIR** avant d'entreposer au réfrigérateur.

PRÉPAREZ LE STREUSEL. Préchauffez le four à 150 °C. Coupez le beurre allégé en **PETITES PARCELLES.** Mélangez tous les ingrédients du bout des doigts et disposez la pâte bien à plat sur une plaque à four recouverte d'une feuille de papier sulfurisé. Enfournez pour 15 à 20 minutes. Laissez refroidir.

SAUPOUDREZ les crèmes catalanes de streusel.

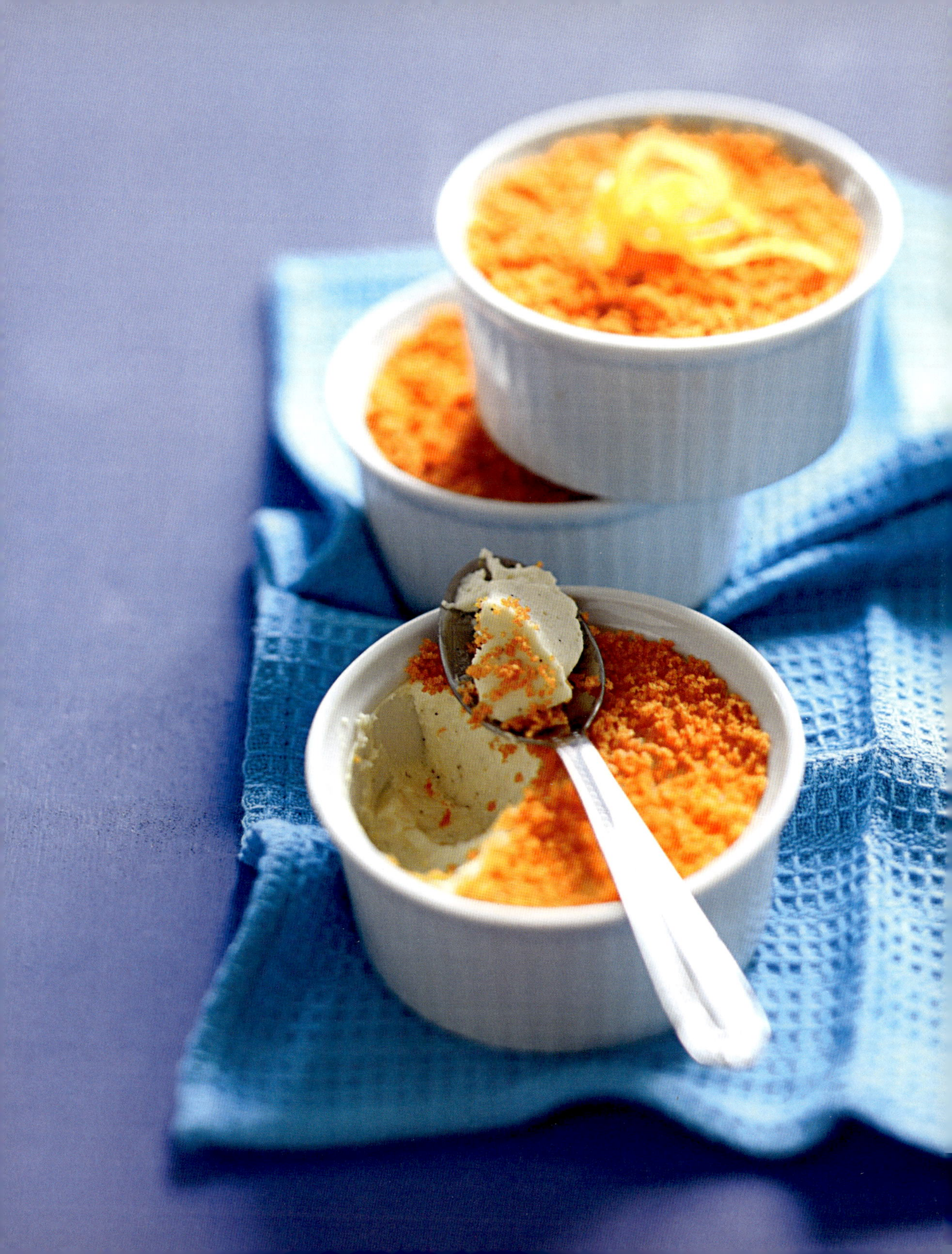

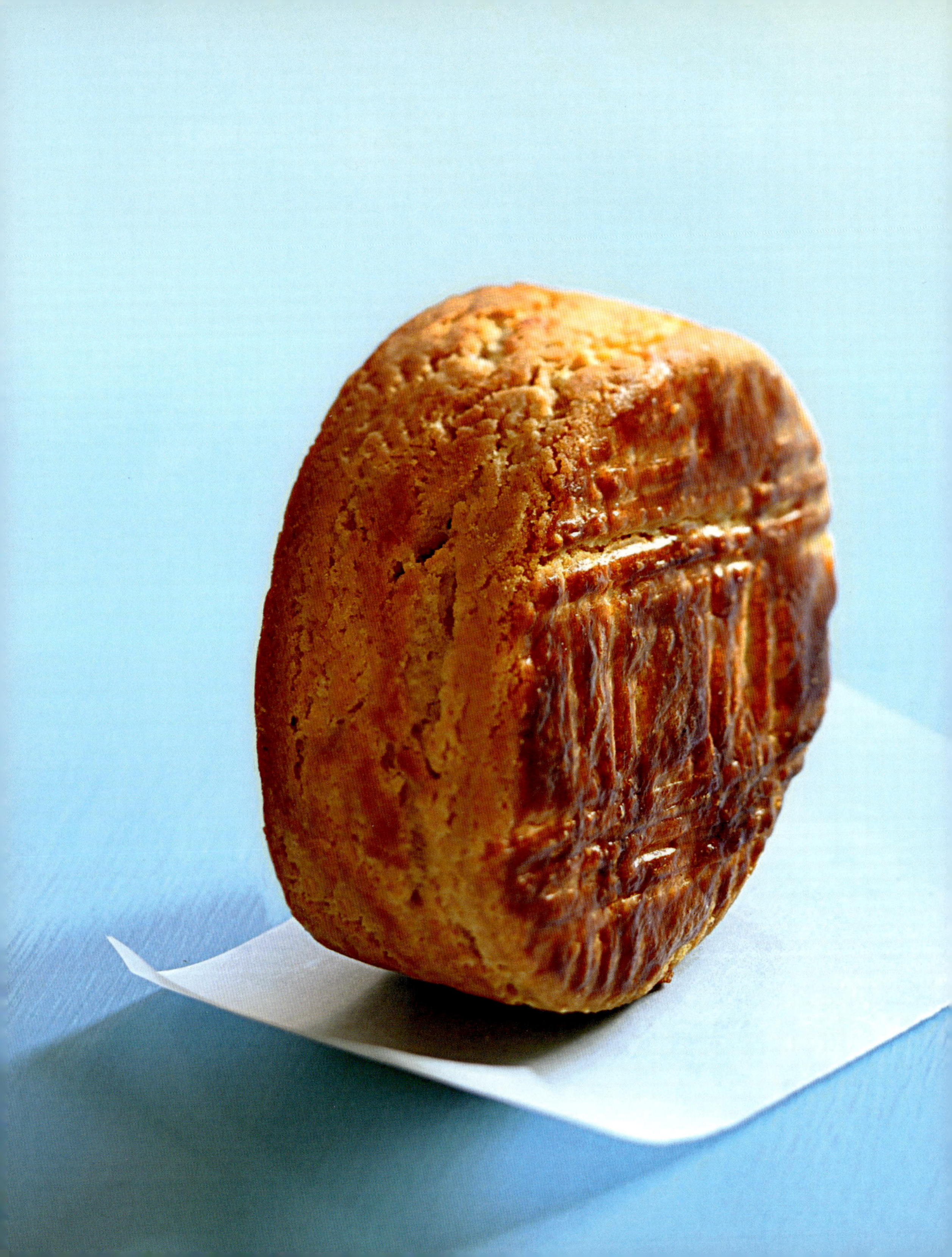

GÂTEAU BRETON

Nombre de calories :
294.6 Kcal
par portion
-38 %
Réduction calorique :

26,8 G DE GLUCIDES

Préparation : 15 min
Cuisson : 45 min

Pour 4 personnes

INGRÉDIENTS

3 jaunes d'œufs
10 g de CANDEREL Sucralose®
100 g de beurre allégé ramolli
1/2 bouchon de calvados
125 g de farine
1 pointe de cuil. à café de sel fin
1 g de levure chimique
1 sachet de Vanilla®
1 jaune d'œuf

Versez les jaunes d'œufs, le CANDEREL Sucralose® et la Vanilla® dans un récipient, et fouettez-les de manière à **LES FAIRE BLANCHIR.** Dès que les jaunes sont bien montés, ajoutez le beurre allégé ramolli, le calvados et mélangez à l'aide d'une spatule en bois. Lorsque la préparation est **HOMOGÈNE,** tamisez directement la farine, le sel et la levure sur celle-ci. Continuez à mélanger jusqu'à ce que la pâte soit homogène. **ENVELOPPEZ CETTE PÂTE** d'un film alimentaire et placez-la au réfrigérateur pendant 2 heures.

Préchauffez le four à 150 °C. Beurrez un cercle à tarte de 16 cm. Déposez-le sur une plaque de cuisson recouverte d'un papier sulfurisé et **MOULEZ-Y LA PÂTE.**

Dorez le dessus du gâteau avec le jaune d'œuf battu à l'aide d'un pinceau et rayez-le avec une fourchette, puis **ENFOURNEZ POUR 35 À 45 MINUTES** environ.

À la sortie du four, **LAISSEZ REFROIDIR LE GÂTEAU** breton avant de le démouler. Il se conserve 3 ou 4 jours filmé.

PANNA COTTA ARLEQUIN

Nombre de calories :
311,3 Kcal
par personne
-57 %
Réduction calorique :

24,8 G DE GLUCIDES

Préparation : 30 min
Repos : 1 nuit
Cuisson : 10 min

Pour 4 personnes

INGRÉDIENTS

500 g de crème légère liquide entière
1 gousse de vanille
6 g de CANDEREL Sucralose®
4 sachets de Vanilla®
2,5 feuilles de gélatine (5 g)

Pour le coulis de framboises

200 g de purée de framboises
4 g de gélatine en feuilles
5 g de CANDEREL Sucralose®

Pour le coulis de mangue

100 g de purée de mangue
100 g de jus de pomme
4 g de gélatine en feuilles
5 g de CANDEREL Sucralose®

Pour le coulis de fraises

200 g de purée de fraises
4 g de gélatine en feuilles
5 g de CANDEREL Sucralose®

Pour le décor

12 fraises ciflorette (à chair ferme)

PRÉPAREZ L'APPAREIL À PANNA COTTA. Trempez la gélatine dans l'eau froide. Portez à ébullition la crème légère avec le CANDEREL Sucralose®, les sachets de Vanilla® et la gousse de vanille fendue en 2 et grattée. Retirez la gousse, ajoutez la gélatine préalablement égouttée. Versez 1/3 de l'appareil dans le fond de **4 VERRINES.** Entreposez-les au congélateur. Réservez le reste au chaud.

RÉALISEZ LE COULIS DE FRAMBOISES. Trempez la gélatine dans l'eau froide. Portez à ébullition la purée de framboises avec le CANDEREL Sucralose®. Ajoutez la gélatine préalablement essorée. **FOUETTEZ** puis répartissez le coulis sur les bases de panna cotta déjà prises dans les verrines. Entreposez 15 minutes au congélateur. Versez une seconde couche de panna cotta puis remettez au congélateur.

PRÉPAREZ LE COULIS DE MANGUE de la même manière que celui de framboises puis déposez-en une couche dans la verrine. Laissez-la prendre au congélateur 15 minutes avant de remettre une couche de panna cotta.

Terminez par **LA CONFECTION DU COULIS DE FRAISES** qui viendra terminer les verrines. Entreposez-les au réfrigérateur idéalement toute une nuit.

Au moment de servir, **DÉCOREZ LES VERRINES** de fines rondelles de fraises fraîches.

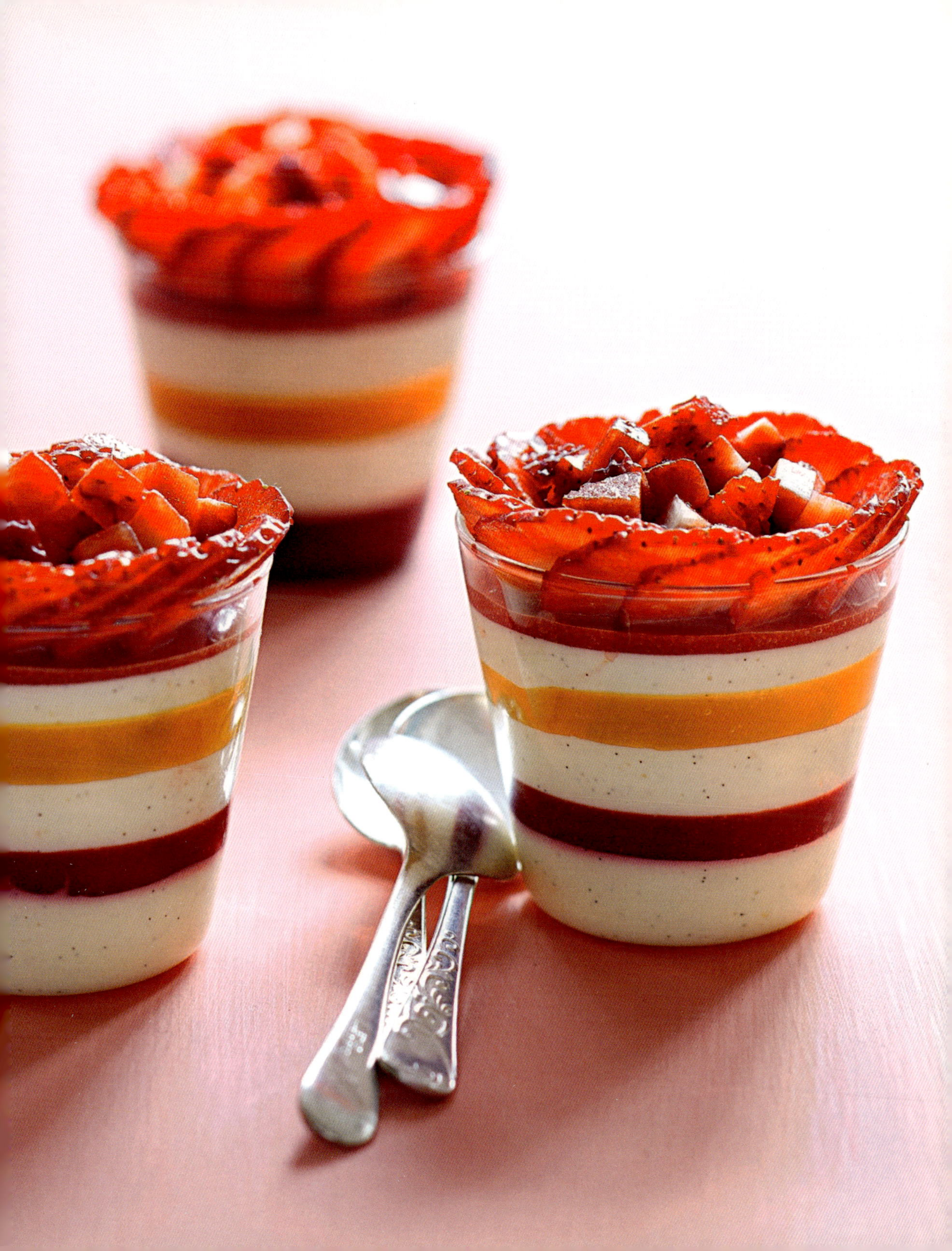

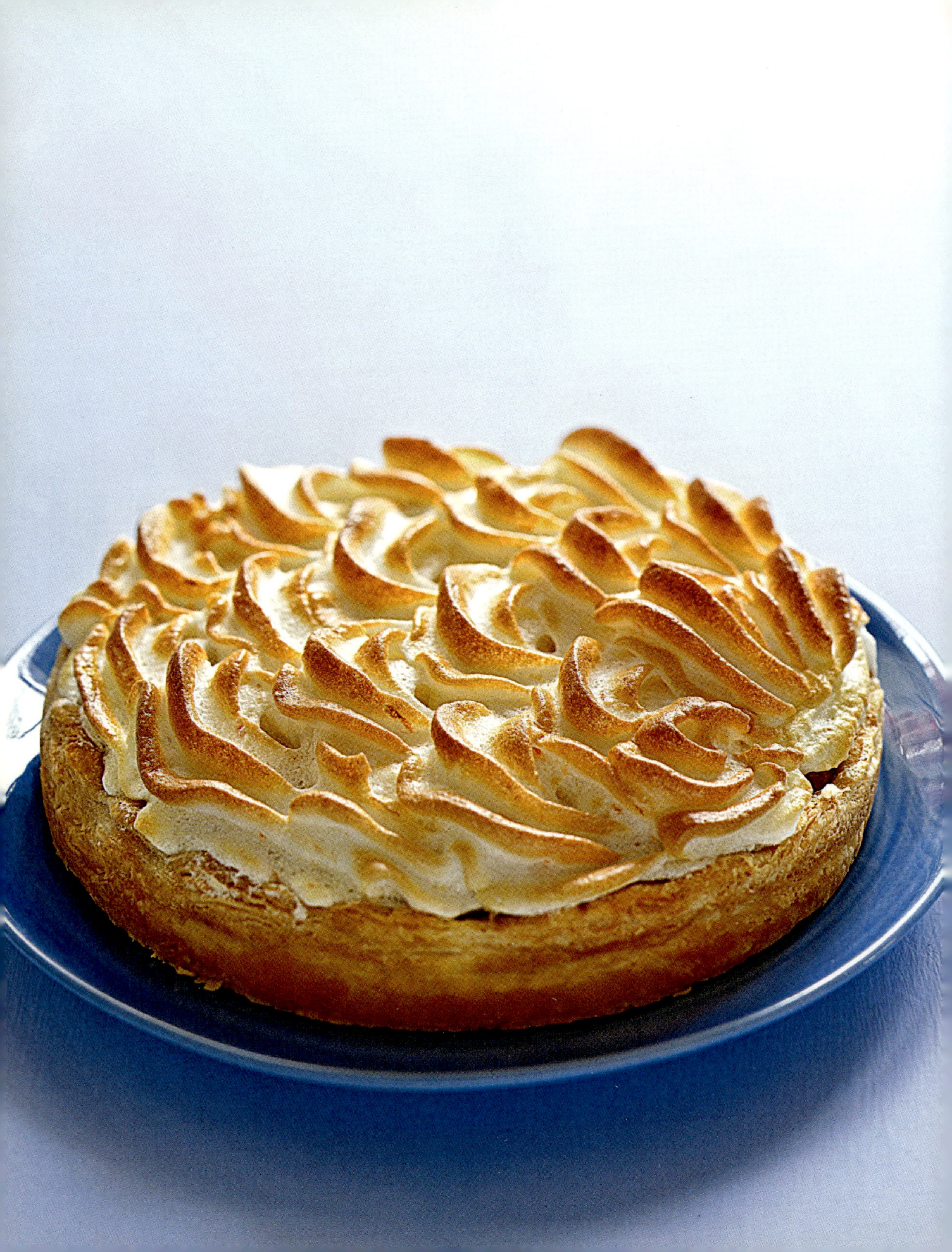

TARTE RHUBARBE MERINGUÉE

Nombre de calories : 228,6 Kcal par personne
Réduction calorique : -38 %

38 G DE GLUCIDES

Préparation : 30 min
Cuisson : 28 à 30 min

Pour 8 personnes

INGRÉDIENTS

250 g de pâte feuilletée (voir recette de base)
6 tiges de rhubarbe
3 sachets de Vanilla®
2 cuil. à soupe de miel d'acacia
30 g de chapelure

Pour l'appareil à crème prise

1 œuf
3 sachets de Vanilla®
12 cl de crème légère liquide entière
1 cuil. à café de farine
1 cuil. à café de kirsch

Pour la meringue

100 g de blancs d'œufs (blancs de 3 gros œufs)
10 g de CANDEREL Sucralose®
1 sachet de Vanilla®
1/4 de jus de citron
1/2 zeste râpé de 1 orange
1 cuil. à café de Maïzena®

Préchauffez le four à 180 °C.

ÉPLUCHEZ ET COUPEZ LA RHUBARBE en cubes. Étalez la pâte feuilletée sur 2 mm d'épaisseur et foncez-la dans un cercle beurré de 22 cm de diamètre. **DÉPOSEZ LE TOUT** sur une plaque à four recouverte d'un papier sulfurisé puis étalez la chapelure. Garnissez de rhubarbe et enfournez pour 10 minutes.

Pendant ce temps, **PRÉPAREZ L'APPAREIL À CRÈME PRISE** en fouettant l'œuf avec la farine, puis en ajoutant le reste des ingrédients. Versez l'appareil à crème prise sur la rhubarbe, poursuivez la cuisson de 20 minutes puis nappez de miel et de Vanilla®.

Pendant ce temps, **RÉALISEZ LA MERINGUE.** Montez les blancs en neige ferme au batteur, ajoutez le reste des ingrédients en continuant de fouetter les blancs à vitesse modérée. Sortez la tarte du four, augmentez la température à 220 °C.

À L'AIDE D'UNE POCHE À DOUILLE, recouvrez la rhubarbe d'une couche de meringue, puis faites-la dorer au four pendant 3 à 5 minutes en surveillant bien.

DÉGUSTEZ LA TARTE TIÈDE ou à température ambiante.

TARTE FONDANTE AU FROMAGE BLANC

Nombre de calories : 573 Kcal par personne
-32 %
Réduction calorique

56 G DE GLUCIDES

Préparation : 20 min
Cuisson : 32 min

Pour 4 personnes

INGRÉDIENTS
250 g pâte brisée
(voir recette de base)
50 g de raisins secs blonds

Pour l'appareil
400 g de fromage blanc lisse
0 % (ou 40 %)
2 œufs
8 g de CANDEREL Sucralose®
2 cuil. à soupe de farine
5 cl de crème légère liquide
1 pincée de sel
1 sachet de Vanilla®
100 g de beurre allégé en parcelles

Pour le décor
100 g de mûres fraîches

Préchauffez le four à 180 °C.

Étalez la pâte brisée sur 2 mm d'épaisseur et foncez-la dans UN CARRÉ À TARTE ou un cercle de 22 cm de diamètre.

Déposez le tout sur une plaque à four recouverte d'un papier sulfurisé. DISPERSEZ LES RAISINS SECS sur le fond de tarte.

PRÉPAREZ L'APPAREIL. Séparez les blancs des jaunes. Fouettez les jaunes avec le CANDEREL Sucralose®. Ajoutez la farine, la crème légère, le fromage blanc et le sachet de Vanilla®.

SALEZ LES BLANCS et montez-les en neige ferme. Incorporez délicatement les blancs en neige dans l'appareil au fromage blanc à l'aide d'une spatule, puis garnissez-en la pâte. Enfournez pour 30 minutes.

Sortez la tarte du four, RÉGLEZ LE FOUR EN MODE GRIL puis déposez de petites parcelles de beurre allégé sur la tarte. Enfournez 1 à 2 minutes en surveillant.

Laissez refroidir avant le démoulage. DÉCOREZ de mûres fraîches ou d'autres petits fruits frais de votre choix. Dégustez tiède ou froid.

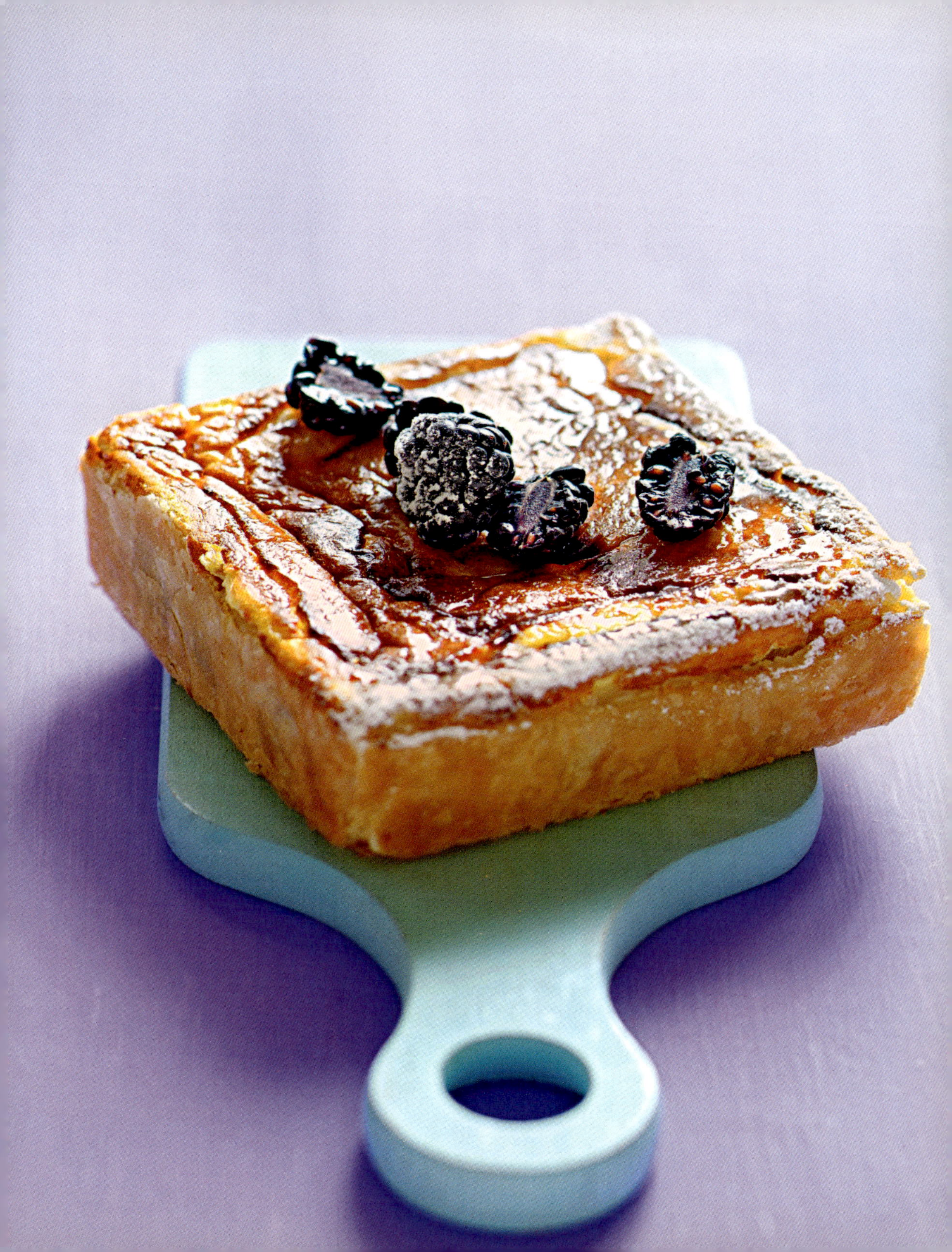

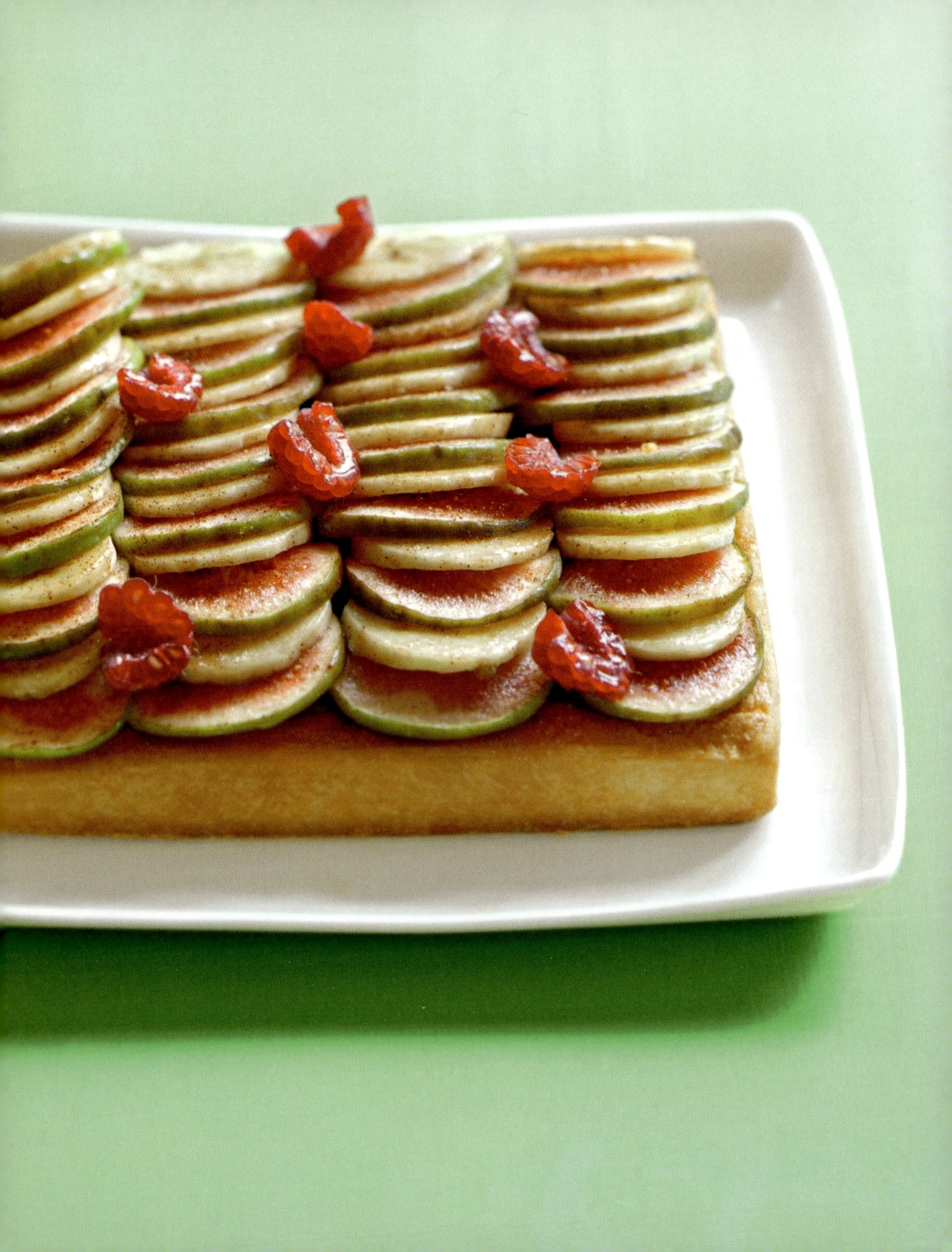

TARTE FIGUE-BANANE

Nombre de calories : 514 Kcal par personne
Réduction calorique : -24,8 %

63,3 G DE GLUCIDES

Préparation : 40 min
Cuisson : 30 min

Pour 6 personnes

INGRÉDIENTS
250 g de pâte brisée
(voir recette de base)

Pour la crème de garniture
100 g de beurre allégé
à température ambiante
10 g de CANDEREL Sucralose®
2 œufs entiers
80 g de poudre d'amandes
20 g de poudre de pistaches

Pour la garniture
8 figues blanches
2 bananes

Pour la finition
1 cuil. à soupe
de confiture d'abricots
1 cuil. à soupe d'eau
1 cuil. à café de cannelle
1 cuil. à café de CANDEREL
Sucralose®
Une barquette de framboises

Préchauffez le four à 180 °C.

ABAISSEZ LA PÂTE BRISÉE, piquez-la et foncez-la dans un cadre carré à tarte de 20 cm préalablement beurré. Déposez le tout sur une plaque à four recouverte de papier sulfurisé.

PRÉPAREZ LA CRÈME DE GARNITURE. Dans un récipient, travaillez le beurre en le chauffant légèrement afin qu'il ait une texture pommade, puis ajoutez le CANDEREL Sucralose® et mélangez avec une spatule pour avoir une crème légère épaisse. Ajoutez les œufs, mélangez de nouveau, puis **VERSEZ LA POUDRE D'AMANDES** et finissez le mélange de manière à lisser l'ensemble. Garnissez la pâte d'une couche de 3 à 4 mm d'épaisseur de crèmeet et posez quelques framboises. Enfournez pour 30 minutes.

Pendant ce temps, pelez les bananes et coupez-les en **TRANCHES TRÈS FINES ET RÉGULIÈRES.** Coupez les figues en tranches dans le sens de la hauteur, de manière à éliminer le rétrécissement de la tige. Ne conservez que les tranches de la partie la plus dodue. Mélangez le CANDEREL Sucralose® avec la cannelle. **DÉLAYEZ LA CONFITURE** avec l'eau.

Une fois la tarte refroidie, rangez-y les tranches de bananes et de figues en les alternant, puis saupoudrez du mélange cannelle/CANDEREL Sucralose®. **BADIGEONNEZ LES FRUITS** de confiture délayée à l'aide d'un pinceau.

DÉCOREZ DE FRAMBOISES coupées en deux.

CHARLOTTE AUX FRAISES

Nombre de calories
421 Kcal par personne
-15,2 %
Réduction calorique

23,5 G DE GLUCIDES

Préparation : 1 h 30
Cuisson : 10 à 15 min

Pour 8 personnes

INGRÉDIENTS
Biscuit comme un biscuit cuillère
4 œufs
10 g de CANDEREL Sucralose®
2 doses de Vanilla®
20 g de sucre semoule
120 g de farine
Colorant rouge
100 g d'amandes effilées

Mousse fraise
300 g de fraises
5 g de CANDEREL Sucralose®
10 g de gélatine
50 cl de crème liquide entière

Préchauffez le four à 210°C.

POUR LE BISCUIT. Cassez les œufs en séparant les blancs des jaunes. Battez les blancs EN NEIGE avec le sucre semoule, la Vanilla® et le CANDEREL Sucralose®. Juste avant qu'ils ne soient fermes, ajoutez les jaunes un à un en mélangeant très peu. TAMISEZ la farine, puis incorporez-la délicatement à la préparation. À l'aide d'une poche à douille, réalisez 2 ronds de 20 cm de diamètre et des boudins de 7 cm. Recouvrez les boudins avec LES AMANDES.
Faites cuire au four 10 à 15 minutes, jusqu'à coloration. Laissez les ronds 2 à 3 minutes de plus.

POUR LA MOUSSE. Mettez un récipient au congélateur. TREMPEZ la gélatine dans de l'eau très froide. Lavez, coupez les fraises et mélangez-les avec le CANDEREL Sucralose®. MIXEZ afin d'obtenir un coulis. Tamisez ensuite avec une passoire et pesez 250 g pour réaliser la mousse. Versez la crème liquide dans le récipient refroidi et fouettez en CHANTILLY. Réservez au frais. Égouttez et faites fondre la gélatine au bain-marie dans un récipient. Ajoutez 1/3 de la pulpe de fraises en fouettant énergiquement (hors du bain-marie) puis ajoutez les 2/3 restants de pulpe.

À SUIVRE>>

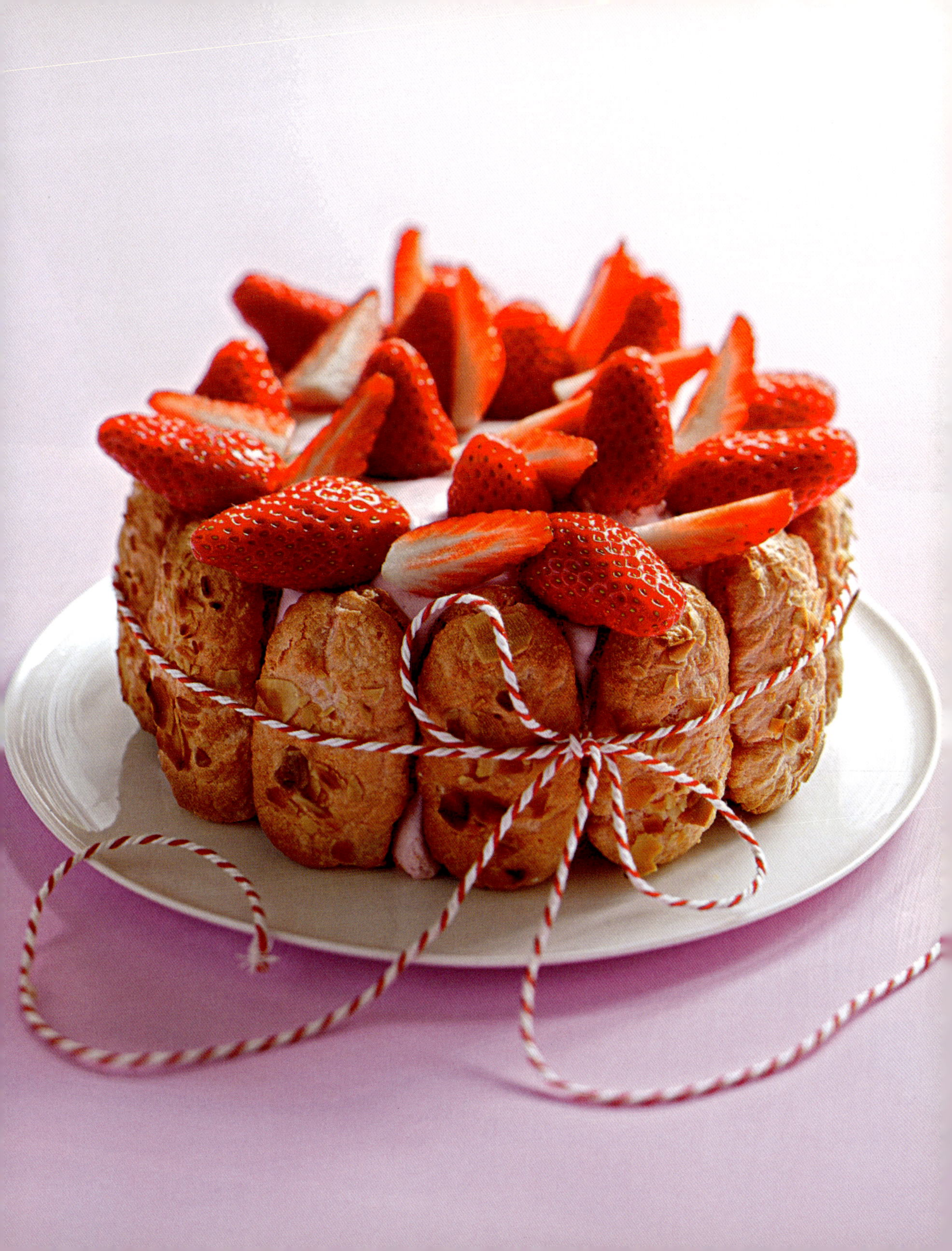

>> CHARLOTTE AUX FRAISES

Sirop pour imbiber le biscuit
50 g de fraises
50 g d'eau
1 cuil. à café de CANDEREL Sucralose*
1 cuil. à café de kirsch

Garniture
300 g de fraises gariguettes

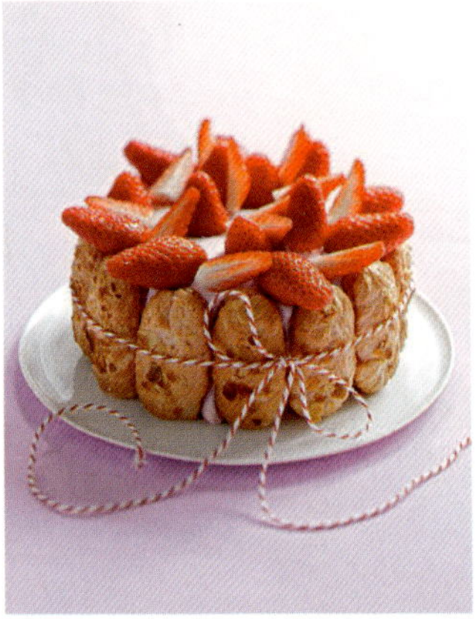

Mélangez soigneusement puis ajoutez la CRÈME FOUETTÉE et mélangez rapidement avec une Maryse ou avec un fouet (le fouet est moins conseillé car il fait retomber un peu et le mélange est moins léger).

POUR LE SIROP. Mixez tous les ingrédients dans un récipient et tamisez le tout.

POUR LA FINITION. Déposez votre 1er biscuit dans un cercle de 22 cm de diamètre sur une plaque plate et IMBIBEZ-LE avec le sirop de fraises (vous pouvez également confectionner un cercle en découpant une bande de carton fin sur 60 cm de longueur environ et 5 cm de hauteur, que vous agraferez aux deux extrémités pour obtenir un cercle). Déposez autour les biscuits À L'INTÉRIEUR du cercle, coupez très légèrement la base des biscuits afin qu'ils tiennent tout seuls. Versez ensuite la mousse fraise sur 1 cm et posez le deuxième biscuit que vous imbiberez également. Recouvrez ensuite de mousse fraise et mettez au frais 15 minutes. Recouvrez ensuite de fraises de façon ÉPARPILLÉE en appuyant légèrement. Laissez au frais jusqu'à dégustation. Enlevez délicatement le cercle ou la bande de carton au dernier moment. Entourez d'une jolie ficelle pour maintenir la charlotte.

Vous pouvez sur le même principe, VARIER LES SORTES DE PULPE : framboise, passion avec mangue ou abricot, banane, passion, ananas, cassis et plus généralement les pulpes légèrement acides...

TARTELETTES AU CITRON

Nombre de calories : 297 Kcal par personne -45,9 % Réduction calorique :

27,2 G DE GLUCIDES

Préparation : 40 min
Repos : 1 h
Cuisson : 25 à 30 min

Pour 10 personnes

INGRÉDIENTS
Pour les palets bretons
3 jaunes d'œufs
10 g de CANDEREL Sucralose®
30 g de cassonade
150 g de beurre allégé ramolli
200 g de farine
1 pincée de sel
1 sachet de levure chimique

Pour la crème au citron
Zeste de 2 citrons
12 cl de jus de citron
8 g de CANDEREL Sucralose®
40 g de sucre
3 œufs
175 g de beurre allégé en morceaux

PRÉPAREZ LA PÂTE À PALETS BRETONS. Mélangez dans un robot le beurre allégé avec le CANDEREL Sucralose® et la cassonade. Ajoutez les jaunes d'œufs, la farine, la levure chimique et le sel. Filmez la pâte et entreposez-la 1 heure au frais.

Préchauffez le four à 180 °C. Étalez la pâte sur 1 cm d'épaisseur et détaillez à l'aide d'**UN EMPORTE-PIÈCE** rond de 6 à 8 centimètres les palets bretons. Déposez-les sur une plaque de cuisson recouverte de papier sulfurisé et enfournez pour 10 à 15 minutes. Laissez refroidir les palets bretons.

Pendant ce temps, **PRÉPAREZ LA CRÈME AU CITRON.** Faites chauffer dans une casserole à feu moyen tous les ingrédients, **EXCEPTÉ LE BEURRE ALLÉGÉ,** sans cesser de remuer pendant environ 10 minutes jusqu'à ce que le mélange prenne en crème. Hors du feu, retirez les zestes de citron et mixez avec le beurre en morceaux jusqu'à ce que le mélange devienne homogène. Entreposez au réfrigérateur.

À SUIVRE>>

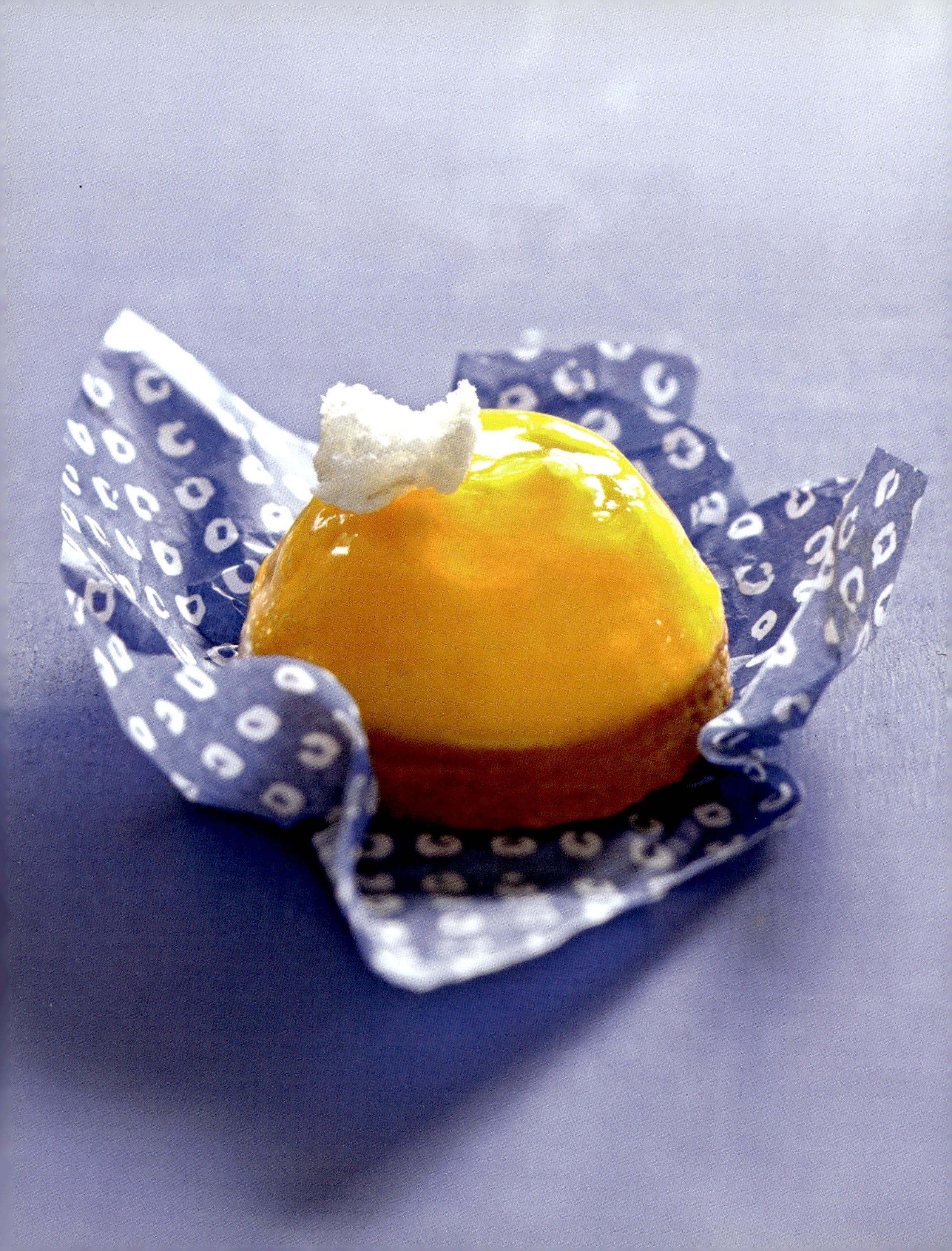

>> TARTELETTES AU CITRON

Pour le glaçage
10 cl d'eau
50 g de pulpe de fruits de la passion
10 g de gélatine en feuilles
20 g de CANDEREL Sucralose®
1/4 zeste de citron râpé
1/4 de zeste d'orange râpé

Lorsque les palets bretons et la crème au citron sont froids, procédez au montage. À l'aide d'une poche à douille, déposez la crème au citron sur les palets bretons et **LISSEZ BIEN LE TOUT.** Réservez au frais.

RÉALISEZ LE GLAÇAGE. Mettez les feuilles de gélatine à tremper dans **UN DEMI-LITRE D'EAU TRÈS FROIDE.** Dans une casserole, versez l'eau, la pulpe de fruit de la passion, le CANDEREL Sucralose® et les zestes des agrumes râpés. Portez à ébullition, puis coupez le feu. Ajoutez les feuilles de gélatine essorées. Mélangez doucement au fouet.
FILTREZ LE TOUT dans une passoire fine, laissez à peine figer et **NAPPEZ** la crème légère de citron avec le glaçage et entreposez au frais jusqu'à la dégustation.

SAINT HONORÉ À LA FLEUR D'ORANGER

Nombre de calories : 508 Kcal par personne
Réduction calorique : -32,7 %

42,5 G DE GLUCIDES

Préparation : 1 h
Cuisson : 1 h (+ repos 45 min)

Pour 8 personnes

INGRÉDIENTS

1 pâte à choux (voir recette de base)
1 recette d'oranges confites (facultatif) (voir p. 80)
1 pâte feuilletée (voir recette de base)

Pour la crème diplomate

25 cl de lait écrémé
2 jaunes d'œufs
2,5 cuil. à soupe de CANDEREL Sucralose®
25 g de farine de maïs ou de Maïzena®
1 gousse de vanille bourbon
1 orange zestée
10 g d'eau de fleur d'oranger
1 noix de beurre allégé
125 g de crème légère fouettée

Préchauffez votre four à 180 °C.

RÉALISEZ LA PÂTE À CHOUX et remplissez une poche à douille munie d'une douille à saint-honoré de cette préparation. Réalisez des petites boules de pâte de 3 cm de diamètre sur une plaque de cuisson légèrement beurrée et farinée, en les espaçant de quelques centimètres. Badigeonnez-les d'œuf battu. Enfournez durant 25 minutes **DANS LE FOUR NON VENTILÉ** (il est important de ne pas l'ouvrir, sinon la pâte s'affaisserait).
Lorsque les choux sont cuits, déposez-les sur une grille afin de les laisser refroidir.

PRÉPAREZ LA PÂTE FEUILLETÉE et abaissez-la en cercle. Piquez le cercle de pâte feuilletée. Avec le restant de la pâte à choux, pochez 2 boudins réguliers au bord et au milieu de la pâte feuilletée, et enfournez durant 20 à 25 minutes.

Pendant ce temps, **PRÉPAREZ LA CRÈME DIPLOMATE.** Dans une casserole, faites bouillir le lait écrémé avec la vanille et les zestes. Mélangez dans un grand bol les jaunes, avec le CANDEREL Sucralose® et la farine de maïs pendant que le lait écrémé chauffe. Versez le lait écrémé bouillant dans le bol en fouettant, puis reversez toute la préparation dans la casserole et faites cuire à feu doux **SANS CESSER DE REMUER.** La crème va épaissir.

À SUIVRE>>

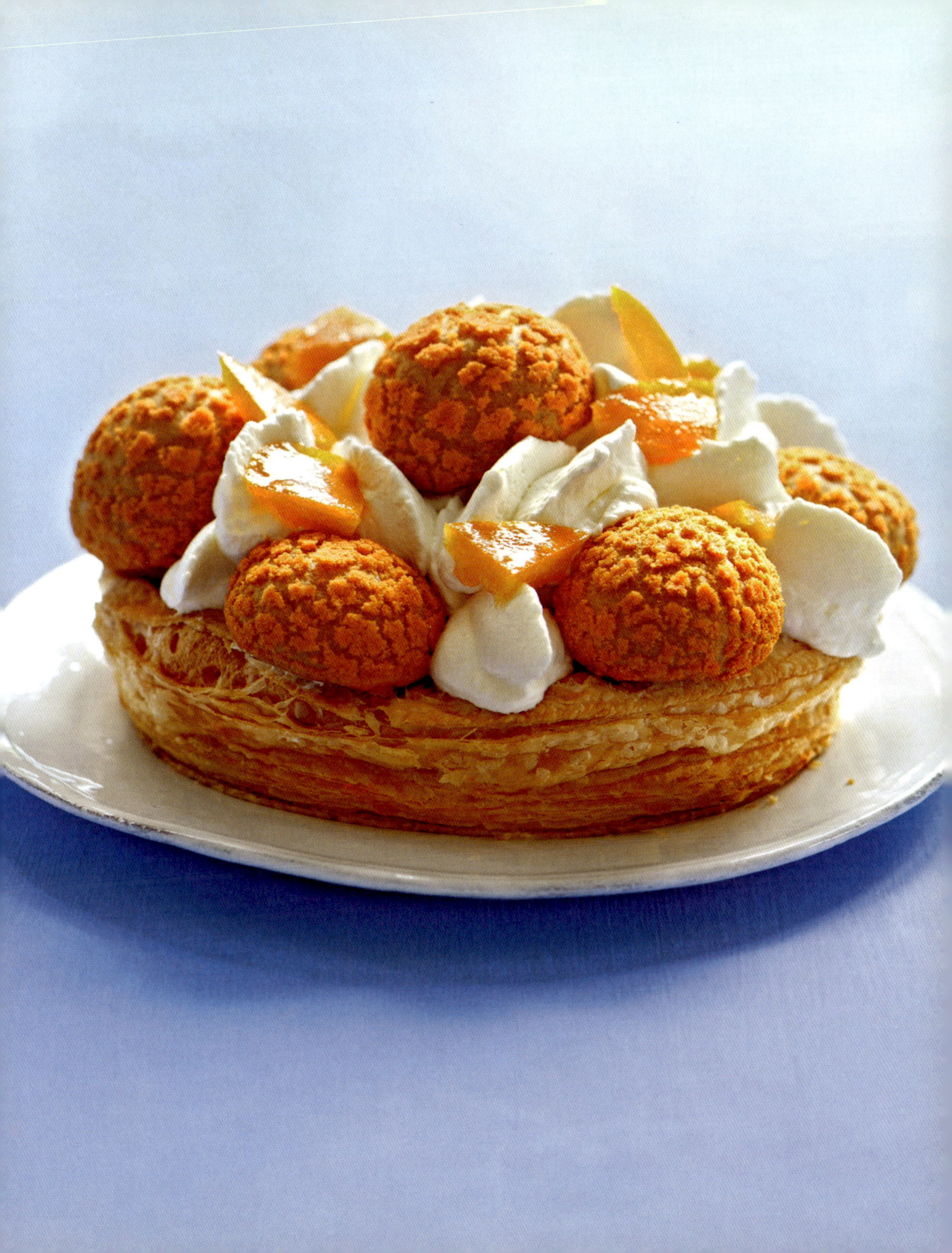

>> SAINT HONORÉ À LA FLEUR D'ORANGER

Pour la crème Chantilly
25 cl de crème légère fluide de bonne qualité (label rouge)
5 g de CANDEREL Sucralose®
10 g de kirsch
1 cuillerée à café de vanille liquide

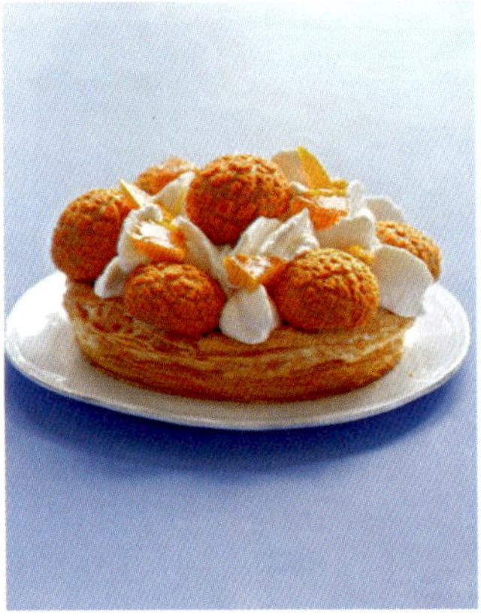

Retirez-la du feu avant qu'elle n'atteigne la pleine ébullition, ajoutez le beurre allégé, mélangez.

Versez la crème pâtissière obtenue sur un plat, puis recouvrez-la au contact d'un film alimentaire et laissez refroidir au réfrigérateur pendant 45 min.
La crème pâtissière refroidie, **AJOUTEZ LA FLEUR D'ORANGER,** travaillez-la énergiquement au fouet jusqu'à obtention d'une consistance de mayonnaise, incorporez la crème fouettée.

RÉALISEZ LA CRÈME CHANTILLY. Versez la crème légère dans un récipient que vous placez dans un saladier contenant des glaçons. Fouettez-la. Lorsqu'elle commence à être montée, ajoutez le CANDEREL Sucralose®, le kirsch et enfin la vanille liquide. Cessez de battre lorsque la crème a une bonne tenue entre les branches de votre fouet. Réservez.

PROCÉDEZ AU MONTAGE, remplissez les choux de crème diplomate. Étalez le reste de la crème sur le feuilleté, collez les choux autour, parsemez de dés d'oranges confites* et pochez la chantilly harmonieusement sur le dessus.

* Vous pouvez décorer le Saint-Honoré de fruits frais comme des fraises ou des framboises.

MILLE-FEUILLES AÉRIEN PISTACHE-FRAMBOISE

Nombre de calories : 585 Kcal par personne
Réduction calorique : -27,3 %

58,5 G DE GLUCIDES

Préparation : 40 min
(+ repos 30 min pour la pâte)
Cuisson : 20 à 25 min

Pour 4 personnes

INGRÉDIENTS
400 g de pâte feuilletée (voir recette de base)
125 g de framboises

Pour la crème pistache
50 cl de lait écrémé
4 jaunes d'œufs
1 œuf
5 cuil. à soupe de CANDEREL Sucralose®
50 g de farine de maïs
50 g de pâte de pistache FABBRI®
1 noix de beurre allégé

PRÉPAREZ LA PÂTE FEUILLETÉE.

Pendant le temps de repos de la pâte, **PRÉPAREZ LA CRÈME PISTACHE.** Dans une casserole, faites bouillir le lait écrémé. Mélangez dans un grand bol les jaunes, l'œuf, le CANDEREL Sucralose®, la pistache et la farine de maïs. Versez le lait écrémé chaud, puis reversez toute la préparation dans la casserole, et faites cuire à feu doux sans cesser de remuer. **LA CRÈME VA ÉPAISSIR.** Retirez-la du feu avant qu'elle n'atteigne la pleine ébullition, ajoutez le beurre allégé.
Versez la crème pâtissière sur un plat, puis recouvrez-la d'un film alimentaire et laissez-la refroidir au réfrigérateur pendant 45 minutes. Quand elle est froide, travaillez-la énergiquement au fouet jusqu'à obtention **D'UNE CONSISTANCE DE MAYONNAISE.** Remplissez-en une poche à pâtisserie sans douille.

Préchauffez votre four à 180°C (th. 6).
Farinez votre plan de travail, puis étalez la pâte sur 6 mm d'épaisseur en lui donnant la forme de votre plaque à pâtisserie. **DÉCOUPEZ-LA EN 2** pour obtenir 2 rectangles de pâte de 12 cm de largeur et de 30 cm de longueur.

À SUIVRE>>

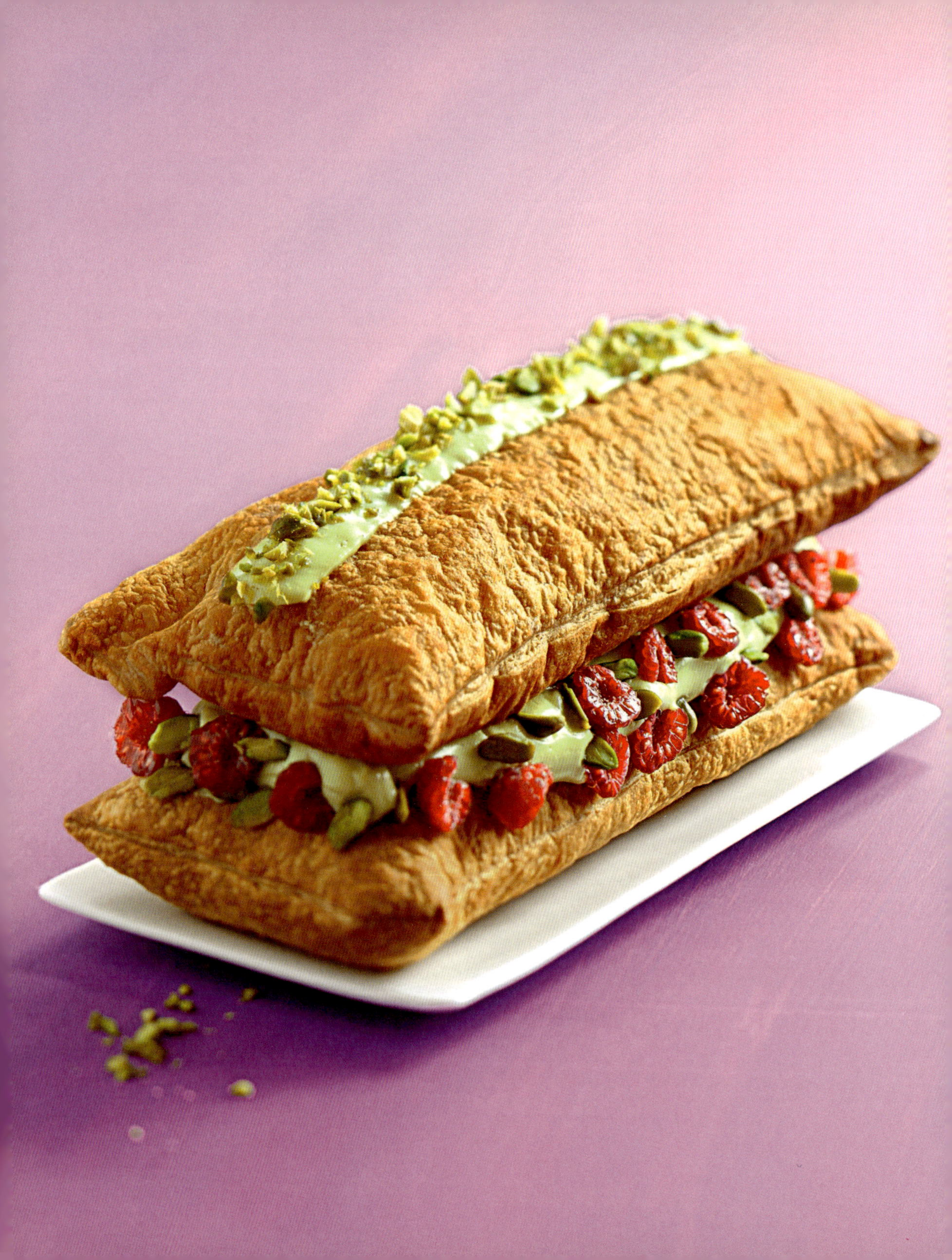

>> MILLE-FEUILLES AÉRIEN PISTACHE-FRAMBOISE

Pour la décoration
100 g de pistaches émondées

Tapissez la plaque d'une feuille de papier sulfurisé, déposez-y vos abaisses de pâte. Enfournez pour 20-25 minutes. **LA PÂTE FEUILLETÉE VA LEVER ET GONFLER.** À la sortie du four, laissez refroidir la pâte à température ambiante.

Recouvrez le premier coussin feuilleté de crème pâtissière, puis posez un rang de framboise. Recouvrez de crème pâtissière puis posez **LE DEUXIÈME COUSSIN PAR-DESSUS.** Décorez le pourtour de crème avec des framboises joliment découpées ainsi que des pistaches hachés grossièrement. Pochez un trait de crème sur le dessus et saupoudrez de pistaches hachées.

POLONAISE

Nombre de calories
271 Kcal
par personne
-36 %
Réduction calorique

34,3 G DE GLUCIDES

Préparation : 45 min
Cuisson : 35 min

Pour 10 personnes

INGRÉDIENTS

Pour la pâte à baba
200 g de farine
50 g de beurre allégé
2 g de CANDEREL Sucralose®
4 g de sel
15 g de levure
2 œufs
1/2 cuil. à café de vanille liquide

Pour la sauce fraise
150 g de pulpe fraise
2 g de CANDEREL Sucralose®

Pour la bavaroise vanille
120 g de lait écrémé frais
20 g de crème légère liquide
1 gousse de vanille fendue en 2 et grattée
1 cuil. à café de vanille liquide
2 jaunes d'œufs
4 g de CANDEREL Sucralose®
3 g de gélatine
375 g de crème légère liquide

Pour l'ananas
250 g d'ananas frais
1 zeste de citron jaune râpé
1 cuillère à café de kirch

Préchauffez le four à 200 °C.

PRÉPAREZ la pâte à baba. Mélangez la farine, la levure, le CANDEREL Sucralose® et les œufs un par un, travaillez bien puis ajoutez en dernier le beurre allégé fondu. Laissez **LA PÂTE AU REPOS** 1 heure afin qu'elle double de volume, boulez et roulez la pâte en boudin, déposez-la dans **UN MOULE À BABA** beurré.
Laissez lever la pâte 2 heures et enfournez pour 25 à 30 minutes selon le type de four. Laissez refroidir le baba avant de le détailler en gros cubes.

Pendant ce temps, mélangez la pulpe de fraises et le CANDEREL Sucralose® à froid. Réserver. **PAREZ ET COUPEZ** l'ananas en petits dés, assaisonnez avec les ingrédients restants. Pour le sirop à baba, mélangez tous les ingrédients et portez à ébullition, trempez les morceaux de baba refroidi dans le sirop tiède.

RÉALISEZ LA BAVAROISE À LA VANILLE. Trempez la gélatine dans de l'eau très froide. Mélangez les jaunes d'œufs avec le CANDEREL Sucralose®. Faites bouillir le lait écrémé et la crème légère liquide bien froide avec les 2 vanilles et versez sur le mélange des jaunes, remettre à cuire (82 °C) et ajoutez la gélatine essorée avant de refroidir sur un bain-marie de glace et d'ajouter la crème légère préalablement fouettée.

À SUIVRE>>

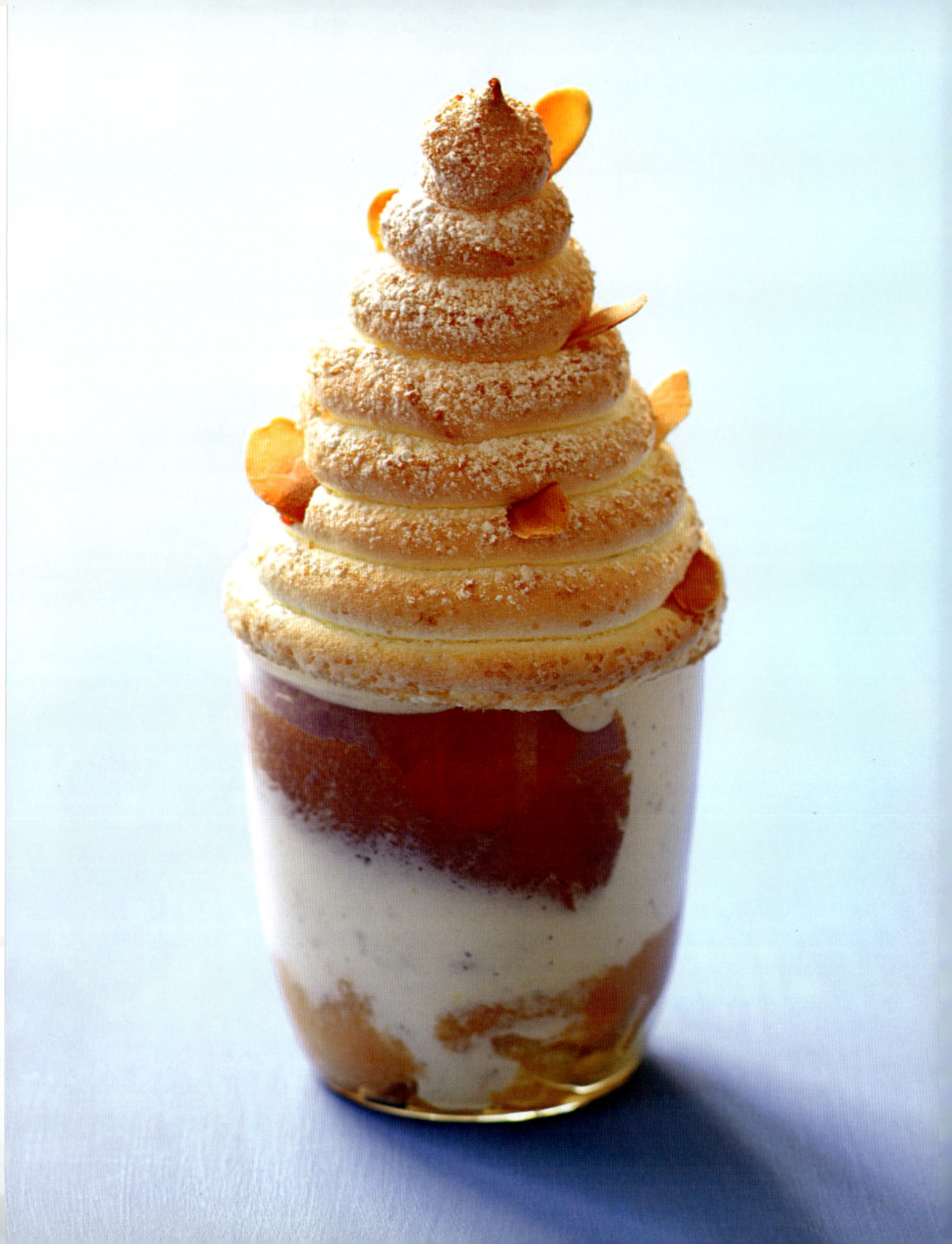

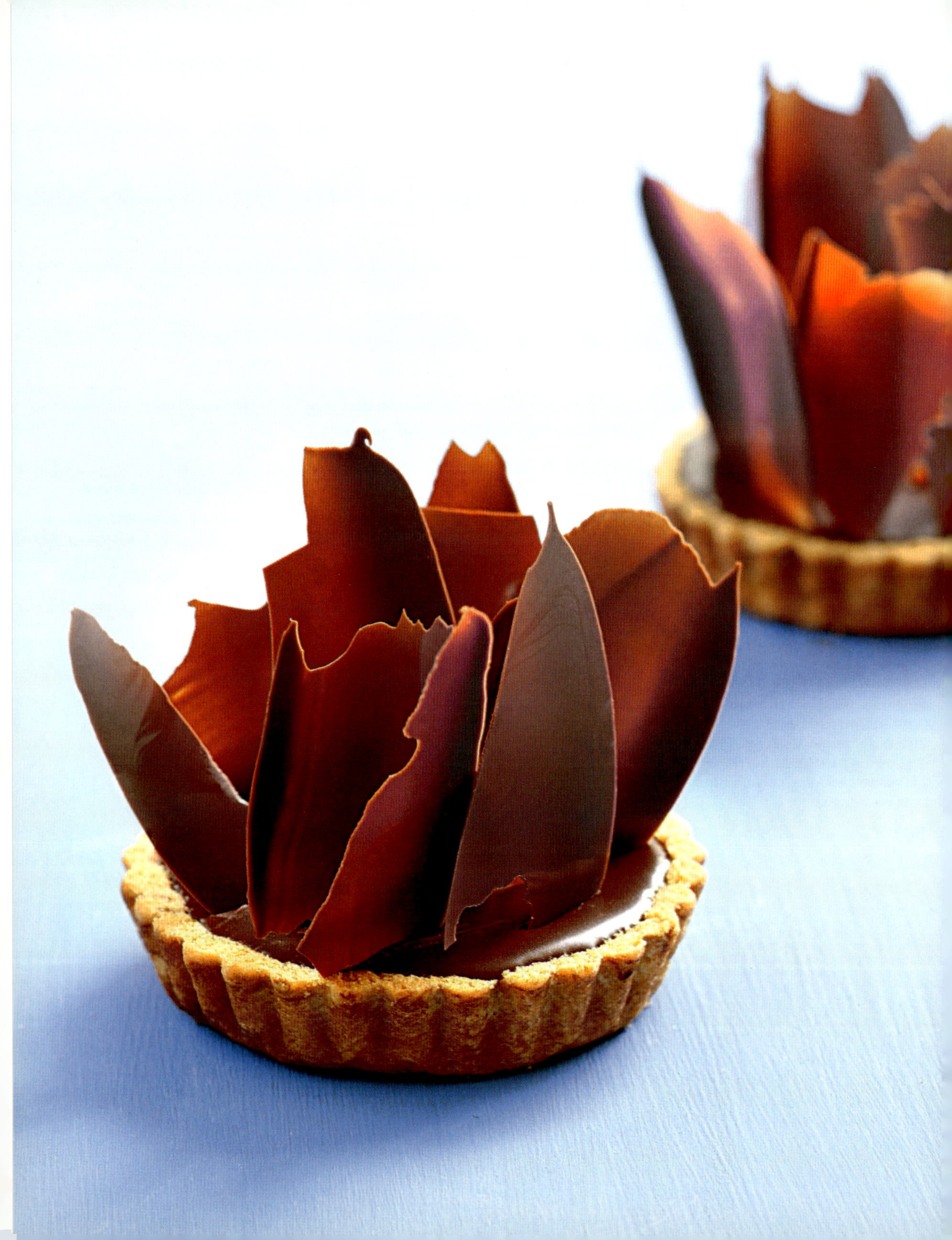

>> TARTELETTES AU CHOCOLAT

POUR RÉALISER LES FEUILLES EN CHOCOLAT. Préparez votre matériel : **CHOCOLAT TEMPÉRÉ,** une spatule, et une feuille plastique propre déposée sur une surface plate.

POUR FAIRE LE CHOCOLAT TEMPÉRÉ. Cassez votre chocolat en morceaux dans un récipient. Faites-le fondre au **BAIN-MARIE** et mélangez jusqu'à obtention d'une texture lisse. Vérifiez la température avec un thermomètre de cuisson (55 °C pour le chocolat noir, 50 °C pour le chocolat au lait, et 45 °C pour le chocolat blanc). **TRAVAILLEZ-LE** ensuite à la spatule jusqu'à ce qu'il revienne à 28 à 29 °C dans un bain-marie d'eau froide additionnée de quelques glaçons. Réchauffez le chocolat doucement dans le premier bain-marie. **REMUEZ** en surveillant la température (de 31 à 32 °C pour le chocolat noir, et de 29 à 30 °C maximum pour le chocolat au lait et le chocolat blanc). Maintenez la température. **TREMPEZ-Y** le bout de la spatule en inox.

Faites **GLISSER** la spatule sur une feuille de plastique, en appuyant légèrement afin de faire une **FINE FEUILLE** de chocolat. Selon la taille de votre spatule et la quantité de chocolat, vous allez pouvoir faire différentes formes de feuilles en chocolat. Répétez l'opération autant de fois que nécessaire et prévoyez un nombre de feuilles plus important, au cas où certaines s'abiment lorsque vous les décollez.
Une fois que le chocolat est bien sec, **DÉCOLLEZ** délicatement les feuilles du plastique, sans utiliser vos doigts pour les manipuler, car vous laisseriez immédiatement des traces dessus !

Vous pouvez également prendre un petit couteau, et vous obtiendrez des feuilles en chocolat en formes de pointes.

PÊCHE POCHÉE

Nombre de calories : 361,4 Kcal par personne

Réduction calorique : -33,8 %

51,7 G DE GLUCIDES

Temps de préparation : 35 min
Temps de repos : 5 min
Temps de cuisson : 30 min

Pour 4 personnes

INGRÉDIENTS

4 pêches blanches
15 g de CANDEREL Sucralose®
330 g d'eau
6 gouttes d'arome violette ou de menthe fraîche

Pour la gelée

400 g de sirop de pochage
200 g de groseilles
50 g de cassis
10 g de CANDEREL Sucralose®
2 feuilles de gélatine (soit 4 g)

PRÉPAREZ LES PÊCHES POCHÉES. Placez dans une casserole sur feu doux l'eau et le CANDEREL Sucralose®. Lavez les pêches, **PLONGEZ-LES** dans le sirop bouillant sans les éplucher, ajoutez l'arôme violette, couvrez et baissez la puissance afin que le sirop frémisse un minimum, pour ne pas abimer les pêches. **LAISSEZ POCHER** 5 minutes puis laissez refroidir dans la casserole à couvert. Une fois refroidies, épluchez les pêches. Réservez-les sur un papier absorbant, placez-les au réfrigérateur. **RÉSERVEZ LE SIROP** pour la gelée.

POUR LA GELÉE. Mettez le sirop de pochage dans une casserole sur feu vif. Plongez les groseilles et le CANDEREL Sucralose® dans la casserole et portez à ébullition, mixez le tout. Filtrez ce sirop à l'aide d'un chinois. Ajoutez la gélatine préalablement ramollie à l'eau froide, et essorée. Fouettez et laissez **REFROIDIR** au réfrigérateur.

À SUIVRE>>

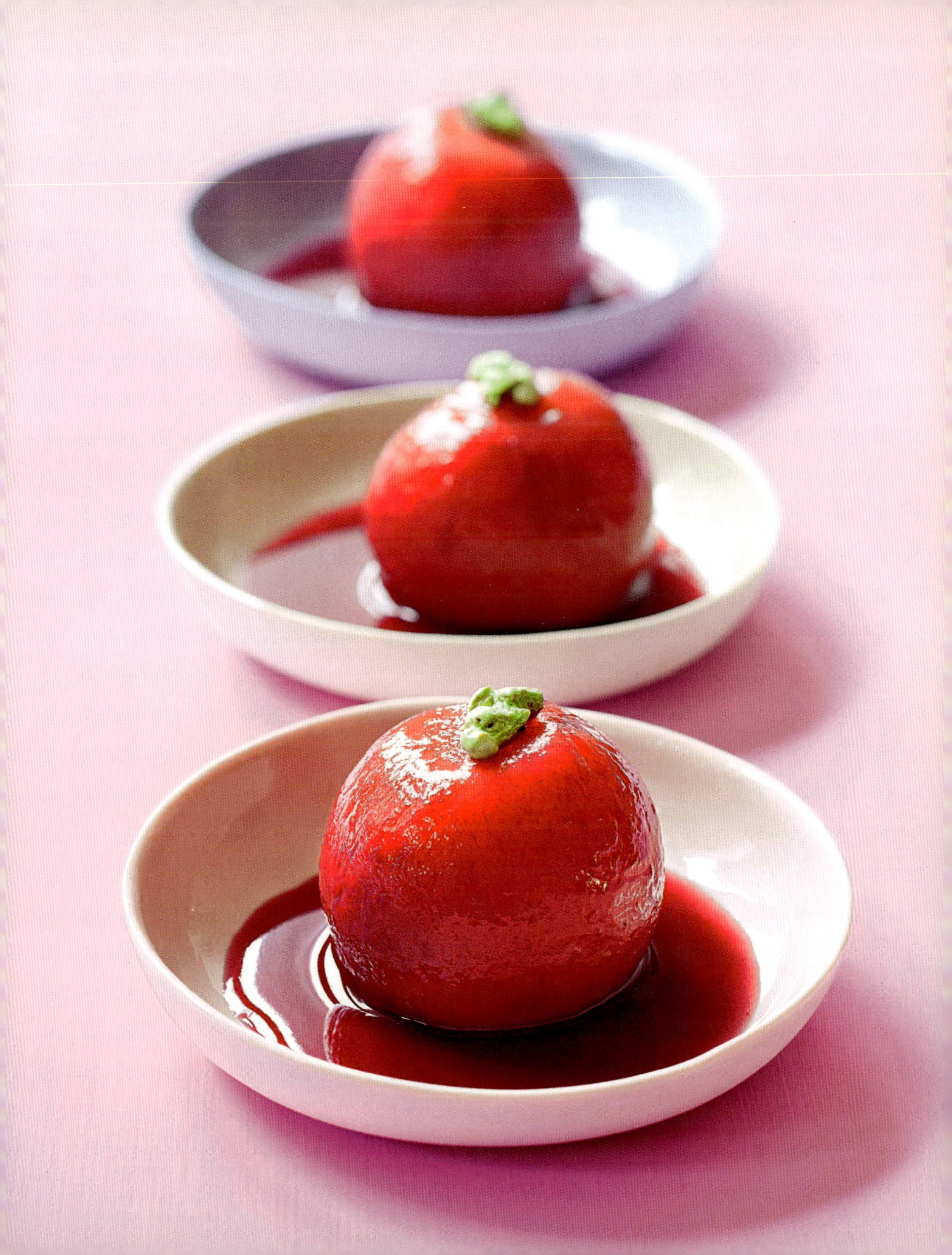

>> PÊCHE POCHÉE

Pour les pistaches cristallisées
100 g de pistaches
10 g de blancs d'œufs
5 g de CANDEREL Sucralose®
5 cl sirop d'orgeat
Colorant vert

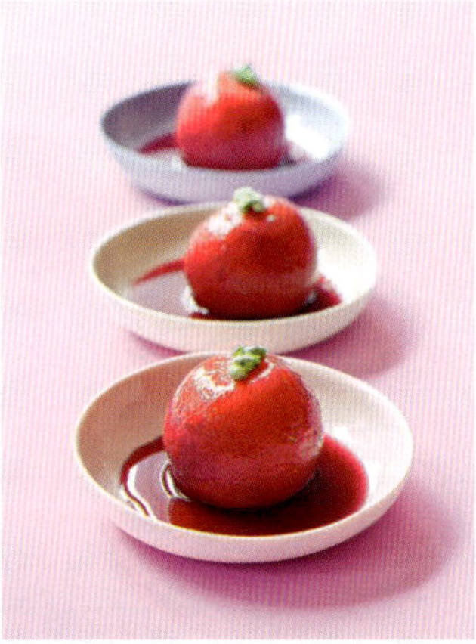

POUR LES PISTACHES. Préchauffez votre four à 170 °C, placez les pistaches sur une plaque de cuisson et enfournez pendant 15 minutes pour les **TORRÉFIER.** Dans un saladier, fouettez les blancs d'œufs avec le CANDEREL Sucralose®, le colorant et le sirop d'orgeat. Ajoutez les pistaches encore tièdes et remuez à l'aide d'une spatule en bois pour les napper des blancs en neige. Répartissez-les sur une plaque recouverte de papier cuisson puis enfourner pour 10 mn pour les faire **SÉCHER.** Réservez pour le dressage.

POUR LE DRESSAGE. Réchauffez légèrement la gelée de groseille (30 °C), placez 4 pêches sur une grille elle-même posée sur une assiette. Faites couler la gelée de groseille sur toute la surface des pêches. Reproduisez 3 fois cette opération de glaçage afin de rendre les pêches roses et brillantes. **DÉCOREZ DE PISTACHES CRISTALLISÉES**.

TARTELETTES AUX AGRUMES

Nombre de calories : 340,4 Kcal par personne -47,5 % Réduction calorique

39 G DE GLUCIDES

Temps de préparation : 40 min
Temps de repos : 3 h
Temps de cuisson : 20 min

Pour 8 personnes

INGRÉDIENTS

1 pâte brisée (voir recette de base)

Pour les citrons confits

1 citron jaune
150 g d'eau
15 g CANDEREL Sucralose®

Pendant que la pâte brisée repose, **PRÉPAREZ LES CITRONS CONFITS.** Coupez le citron en tranches de 2 mm d'épaisseur environ. Faites-les **BLANCHIR** 3 fois en les plongeant dans une casserole d'eau bouillante et en les laissant sur feu vif pendant 10 minutes afin de rendre la peau tendre.

Dans une casserole, versez le CANDEREL Sucralose® et l'eau puis faites bouillir. Plongez-y ensuite les tranches de citrons et laissez-les **CONFIRE** durant une dizaine de minutes (elles sont cuites lorsque la peau est devenue presque translucide). Laissez-les refroidir.

Préchauffez votre four à 170 °C.
Étalez la pâte brisée sur 3 mm d'épaisseur. **BEURREZ** 8 moules à tartelettes, et foncez-y la pâte brisée. À l'aide d'une fourchette, piquez généreusement les fonds de tarte. Déposez une feuille de papier sulfurisé dans chaque tartelette et remplissez de poids, puis enfournez et faites cuire à blanc durant 20 minutes.

À SUIVRE >>

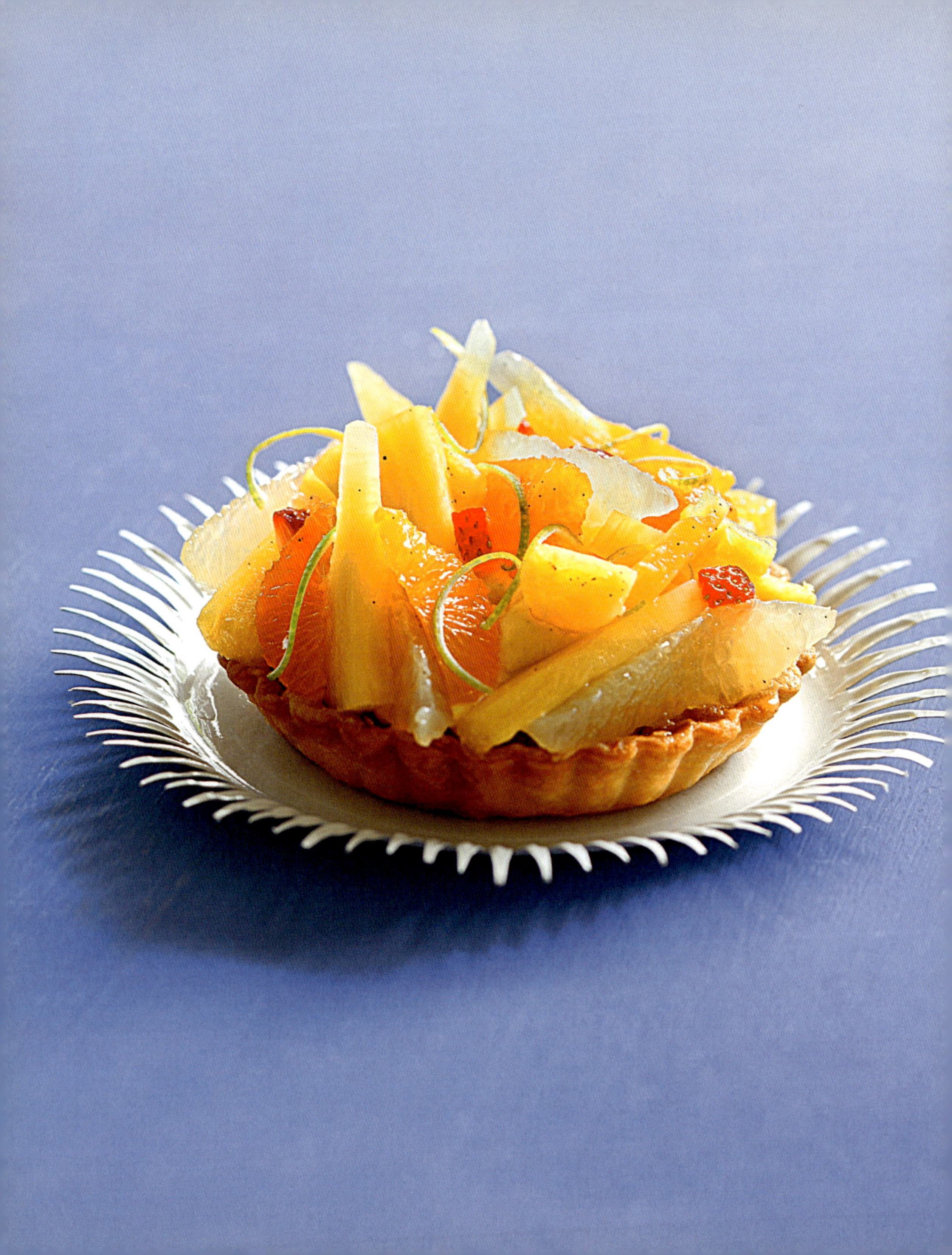

>> TARTELETTES AUX AGRUMES

Pour la crème au citron

Le zeste de 3 citrons verts non traités
120 g de jus de citrons verts
12 g de CANDEREL Sucralose®
50 g de sucre
3 œufs moyens
175 g de beurre allégé en morceaux

Pour la finition

1 mandarine
1 orange
1 poire
1 pamplemousse
1 quartier d'ananas victoria
3 fraises
1 citron vert
10 g de CANDEREL Sucralose®

Pendant ce temps, **RÉALISEZ LA CRÈME AU CITRON.** À l'aide d'un économe, pelez les trois citrons. Versez le jus et les zestes de citron, le CANDEREL Sucralose®, le sucre et les œufs dans une casserole. Faites chauffer sur feu moyen sans cesser de fouetter. Il faut que le mélange arrive lentement à ébullition. Retirez la crème du feu, passez-la au chinois directement sur le beurre allégé en morceaux. Mixez la crème durant 2 minutes afin de la rendre homogène et lisse.

Lorsque la pâte est cuite, laissez-la refroidir avant de garnir les tartelettes de crème au citron légèrement tiède. Faites prendre les tartelettes au réfrigérateur durant **1 HEURE.**

Égouttez les tranches de confit de citron sur du papier absorbant, puis disposez-les joliment sur le dessus des tartelettes. Préparez tous vos fruits en **LES ÉPLUCHANT** et en **LES TAILLANT** à souhait, réservez les sur un papier absorbant avant de les disposer joliment sur les tartelettes.

GUIMAUVE CASSIS

Nombre de calories :
28,2 Kcal
par portion
-56 %
Réduction calorique :

5,8 G DE GLUCIDES

Préparation : 15 min
Cuisson : 15 min

Pour env. 30 pièces

INGRÉDIENTS

28 g de gélatine en feuilles
270 g de purée de cassis
30 g de liqueur de cassis
31 g de CANDEREL Sucralose®

METTEZ À RAMOLLIR les feuilles de gélatine dans de l'eau bien froide.

Dans une casserole, versez la pulpe de cassis et le CANDEREL Sucralose®, et faites **CHAUFFER** jusqu'à 105 °C à feu doux. Ajoutez les feuilles de gélatine essorées.

Transvasez cette préparation dans la cuve d'un batteur et **FOUETTEZ À VITESSE RAPIDE.** Lorsque le mélange commence à refroidir, il devient mousseux et s'éclaircit.

Huilez légèrement une feuille de papier sulfurisé. Quand la guimauve est tiède, étalez-la sur la feuille de papier huilée, posez une seconde feuille dessus. **ÉTALEZ-LA** sur 1 cm d'épaisseur à l'aide d'un rouleau.

Laissez refroidir à température ambiante, puis détaillez la guimauve en bandes de 1 cm.
Gardez-la **AU CONGÉLATEUR,** elle se conservera mieux.

Au moment de servir, roulez la guimauve dans un mélange composé à 50 % de sucre glace et 50 % de Maïzena®.

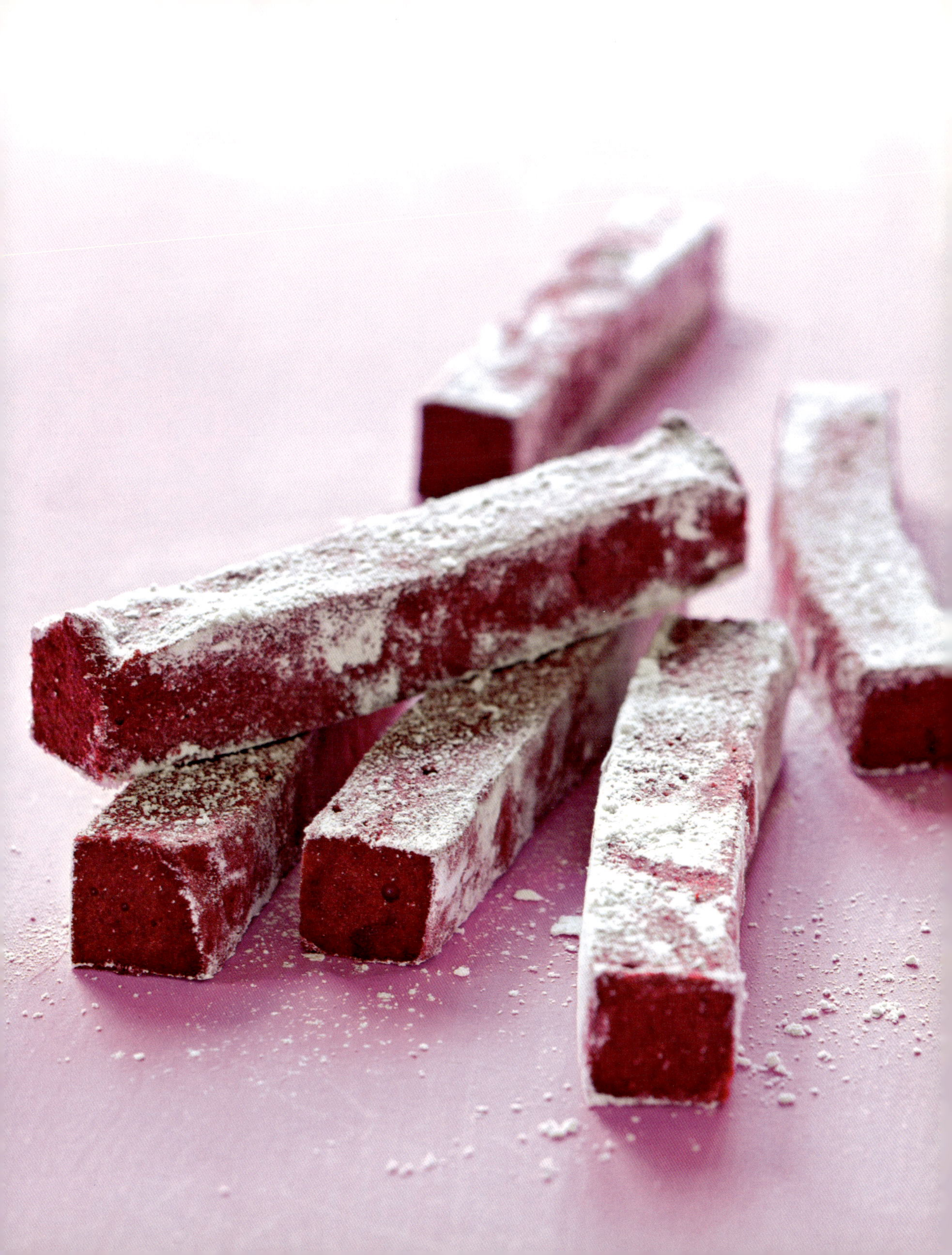

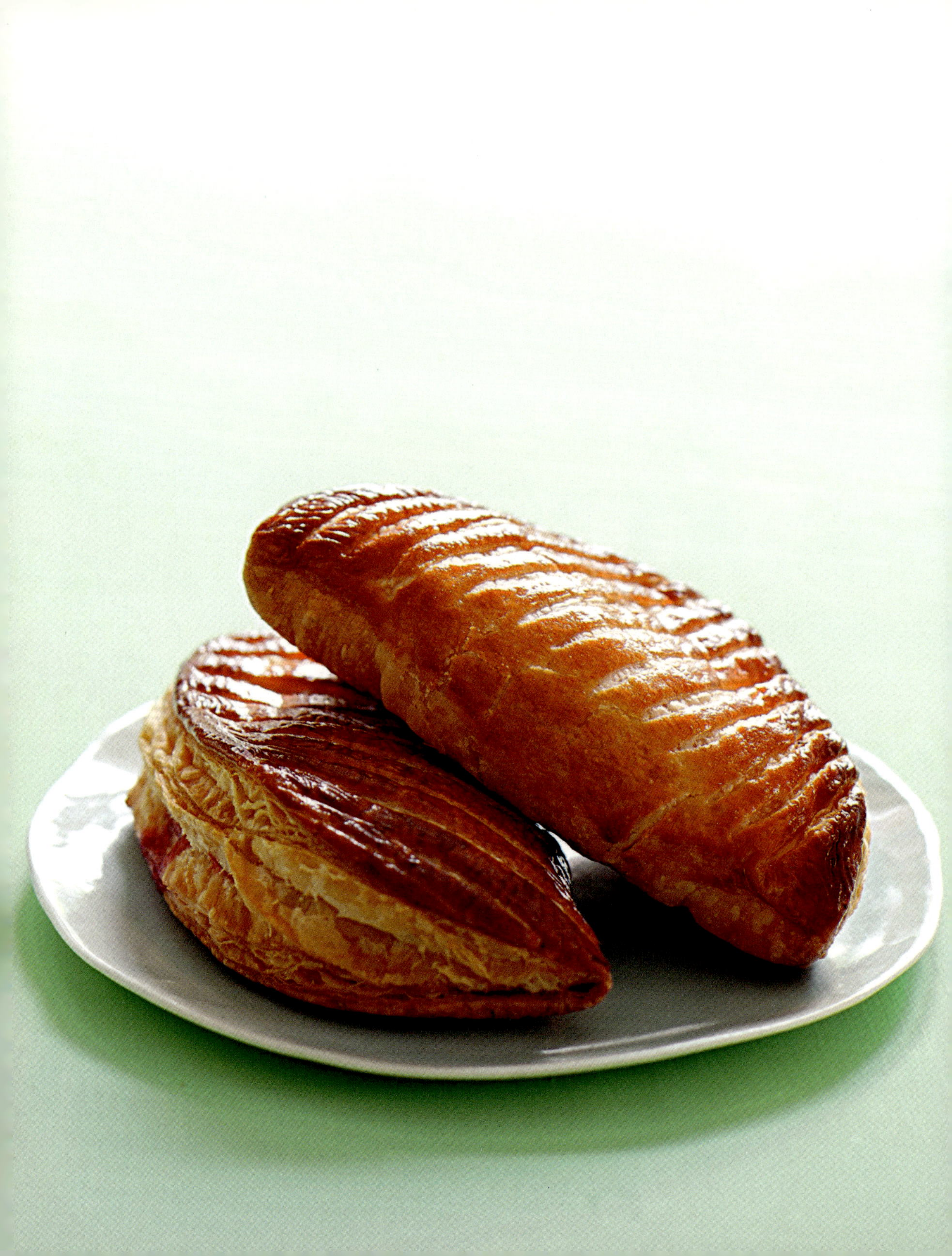

CHAUSSON AUX POMMES

Nombre de calories : 210 Kcal par personne
Réduction calorique : -27,8 %

32,4 G DE GLUCIDES

Préparation : 15 min
Cuisson : 15 min

Pour 4 personnes

INGRÉDIENTS

150 g de pâte feuilletée
(voir recette de base)

Pour la compote

4 pommes
2 cuil. à soupe de CANDEREL Sucralose®
2 sachets de Vanilla®
1/2 gousse de vanille

Pour la finition

12 framboises
1 jaune d'œuf

Préchauffez le four à 170 °C.

RÉALISEZ LA COMPOTE DE POMMES. Épluchez les pommes, videz-les et coupez-les en petits morceaux. Faites-les compoter dans une petite casserole avec le CANDEREL Sucralose®, la Vanilla® et la demi-gousse de vanille fendue en 2 et grattée.
FAITES DESSÉCHER la compote à feu moyen pendant 15 minutes en remuant de temps en temps. Laissez refroidir.

Étalez la pâte feuilletée sur une épaisseur de 4 mm. Détaillez 4 disques de pâte à l'aide d'un cercle à tarte de 10 cm de diamètre. Tartinez avec la compote la moitié de chaque disque de pâte en laissant un bord de 2 cm. AJOUTEZ 3 FRAMBOISES à chaque fois. Rabattez l'autre côté de chaque disque sur la compote pour refermer le chausson et, du bout des doigts, scellez le chausson bord à bord en exerçant un pincement.

Détendez le jaune d'œuf avec un peu d'eau et badigeonnez-en le dessus des chaussons À L'AIDE D'UN PINCEAU. Déposez-les sur une plaque de cuisson recouverte de papier sulfurisé. Enfournez pour 25 minutes.

LAISSEZ TIÉDIR les chaussons avant de les déguster.

PARIS-BREST

Nombre de calories :
445 Kcal
par personne
-17 %
Réduction calorique :

22 G DE GLUCIDES

Préparation : 30 min
Cuisson : 35 min

Pour 6 personnes

INGRÉDIENTS

1 pâte à choux (voir recette de base)
50 g d'amandes effilées
1 jaune d'œuf

Pour la chantilly au café
25 cl de crème légère liquide de bonne qualité
3 g de CANDEREL Sucralose®
1 cuil. à soupe d'essence de café
1/2 cuillère à café de Nescafé®
1 pincée de café moulu

Préchauffez votre four à 180 °C.

PRÉPAREZ LA PÂTE À CHOUX. Sur une plaque de cuisson légèrement beurrée et farinée, formez de grands éclairs avec la pâte à choux. Badigeonnez-les à l'aide d'un pinceau au jaune d'œuf légèrement détendu à l'eau.
DÉCOREZ-LES D'AMANDES effilées, enlevez l'excédent en tapotant la plaque.
Faites cuire le reste de noisettes au four pendant 10 minutes.

ENFOURNEZ durant 25 minutes à 180 °C dans le four non ventilé (il est important de ne pas l'ouvrir sinon la pâte s'affaisserait). Lorsque les gâteaux sont cuits, posez-les sur une grille afin de les laisser refroidir.

PRÉPAREZ LA CHANTILLY au café. Versez la crème légère dans un récipient que vous posez dans un saladier contenant des glaçons. Fouettez-la. Lorsqu'elle commence à être montée, ajoutez le CANDEREL Sucralose®, l'essence de café, le café moulu et le Nescafé®. CESSEZ DE BATTRE lorsque la crème légère a une bonne tenue entre les branches de votre fouet.

GARNISSEZ le paris-brest. DÉCOUPEZ-LE dans le sens de la longueur et, en vous aidant d'une poche à douille munie d'une douille cannelée, remplissez généreusement la base de pâte à choux. Déposez le chapeau et décorez d'amandes effilées.

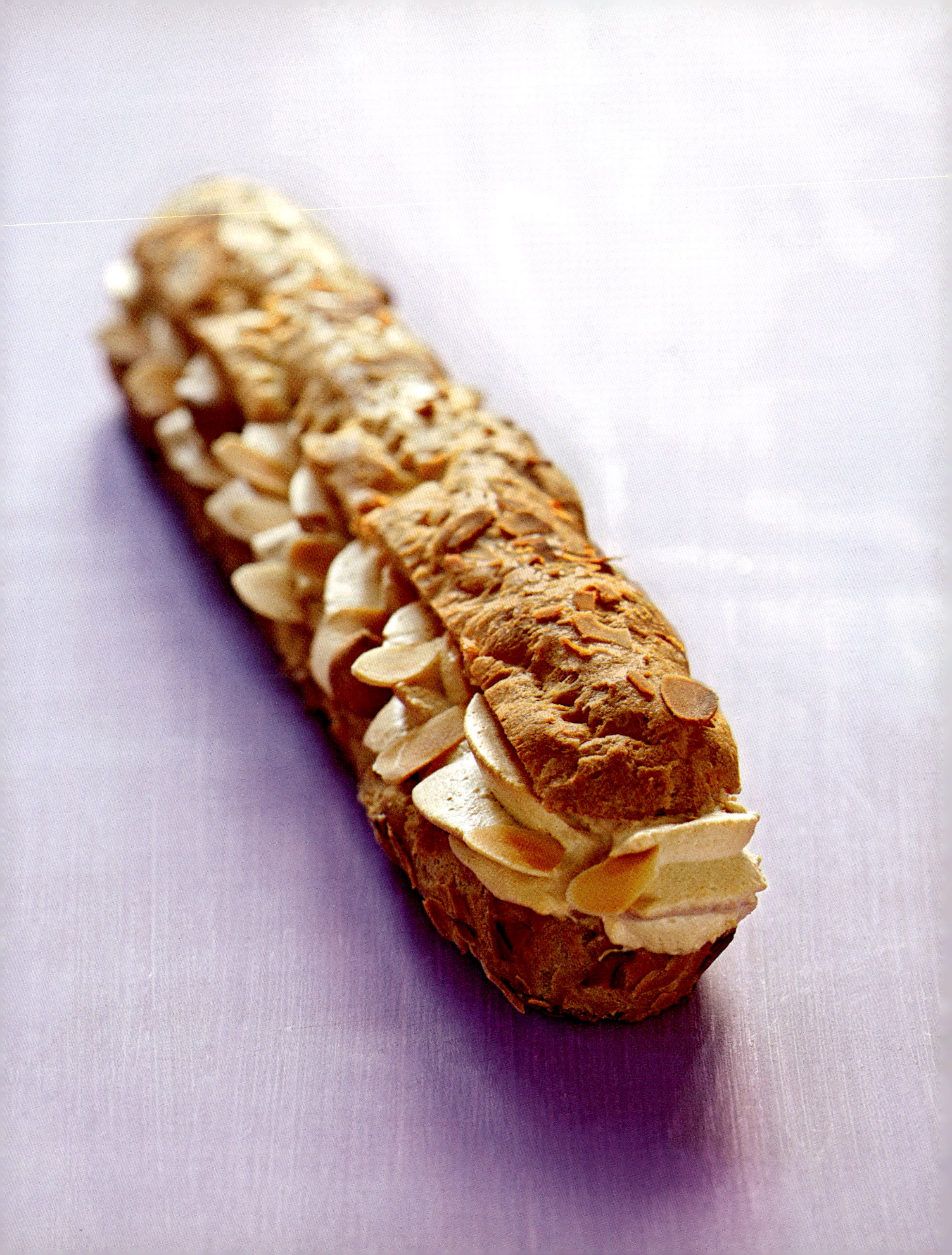

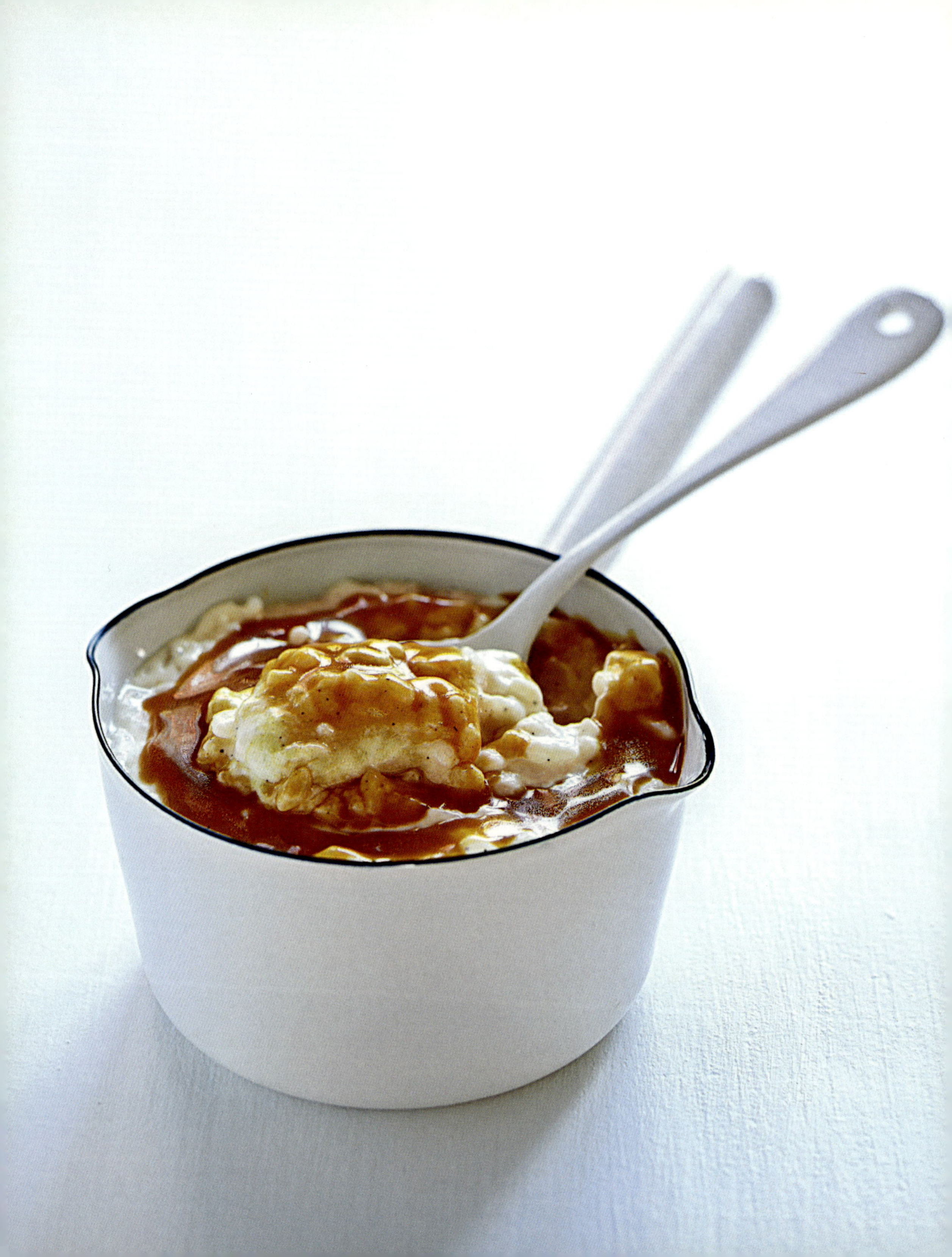

RIZ AU LAIT AU CARAMEL PASSION

Nombre de calories : 246 Kcal par personne -50 % Réduction calorique

41,8 G DE GLUCIDES

Préparation : 20 min
Cuisson : 1 h

Pour 4 personnes

INGRÉDIENTS
125 g de riz rond
50 cl de lait écrémé
8 cl de crème légère liquide
8 g de CANDEREL Sucralose®

Pour la crème anglaise
15 cl de lait écrémé
1 gousse de vanille
2 jaunes d'œufs
3 g de CANDEREL Sucralose®

Pour le caramel passion
100 g de jus de fruit de la passion
50 g de jus d'orange
5 g de CANDEREL Sucralose®
1 sachet de Vanilla®

POUR LA CRÈME ANGLAISE. Portez à ébullition le lait écrémé avec la gousse de vanille fendue en 2 et grattée. Par ailleurs, **FOUETTEZ** les jaunes avec le CANDEREL Sucralose®. Versez le lait écrémé bouillant sur les jaunes et remettez le tout dans la casserole en passant au chinois fin. Faites cuire à feu doux sans cesser de remuer pendant environ 5 minutes **JUSQU'À CE QU'ELLE NAPPE LA CUILLÈRE.** Transvasez la crème anglaise dans un récipient froid et **RÉSERVEZ.**

POUR LE RIZ AU LAIT. Faites chauffer le lait écrémé avec 3 g de CANDEREL Sucralose®. Ajoutez le riz et portez à ébullition. Baissez le feu et ajoutez encore 3 g de CANDEREL Sucralose®. Faites cuire 30 minutes. Laissez refroidir.

FOUETTEZ LA CRÈME LÉGÈRE LIQUIDE avec le reste de CANDEREL Sucralose® jusqu'à ce que le mélange soit ferme. Incorporez-le délicatement à la crème anglaise froide. Mélangez ensuite cette préparation au riz cuit. Répartissez le riz au lait dans des ramequins et réservez au frais.

PRÉPAREZ LE CARAMEL PASSION. Faites réduire dans une petite casserole à feu fort les jus avec le CANDEREL Sucralose® et la Vanilla® pendant 5 petites minutes.
Au moment de servir, déposez un peu de caramel passion sur les riz au lait.

TARTELETTES AUX FRAISES

Nombre de calories : 172,3 Kcal par personne
-36 %
Réduction calorique

16,5 G DE GLUCIDES

Préparation : 45 min
Cuisson : 15 min

Pour 10 tartelettes

INGRÉDIENTS
(pour env. 10 pièces)
1 pâte à gâteau breton
(voir recette p. 33)

Pour la crème pâtissière à la fraise
25 cl de purée de fraises
6 g de CANDEREL Sucralose®
2 œufs
25 g de Maïzena®
30 g de beurre allégé

Pour la finition
40 fraises
Pastilles roses

Préchauffez le four à 150 °C.

PRÉPAREZ LA PÂTE À GÂTEAU BRETON en suivant la recette p 33. Une fois reposée au frais, étalez-la sur 1 cm d'épaisseur et **PRÉLEVEZ DES DISQUES** à l'aide de cercles à tartelettes beurrés. Déposez-les sur une plaque de cuisson recouverte de papier sulfurisé. Enfournez pour 15 minutes. À la sortie du four, laissez-les refroidir avant de les démouler.

Pendant ce temps, **PRÉPAREZ LA CRÈME PÂTISSIÈRE.** Versez la purée de fraises dans une casserole avec le CANDEREL Sucralose®. Faites chauffer à feu moyen.

Dans un récipient, **FOUETTEZ VIVEMENT** la Maïzena® avec les œufs de manière à obtenir un mélange homogène. Faites le chauffer et lorsque il arrive à ébullition, versez-le dans le mélange précédent **SANS CESSER DE REMUER.** Reversez cette préparation dans la casserole et faites cuire à feu moyen sans cesser de mélanger. La crème va épaissir et se mettre à bouillir. **ARRÊTEZ ALORS LA CUISSON** et réservez à température ambiante. Ajoutez le beurre allégé en parcelles et mélangez bien. Laissez refroidir et entreposez au frais.

Une fois tous les éléments bien froids, procédez au montage. Déposez **À L'AIDE D'UNE POCHE À DOUILLE** la crème pâtissière sur les petits gâteaux bretons. Coupez les fraises et déposez-les harmonieusement sur la crème. Décorez avec les pastilles roses. Entreposez au frais.

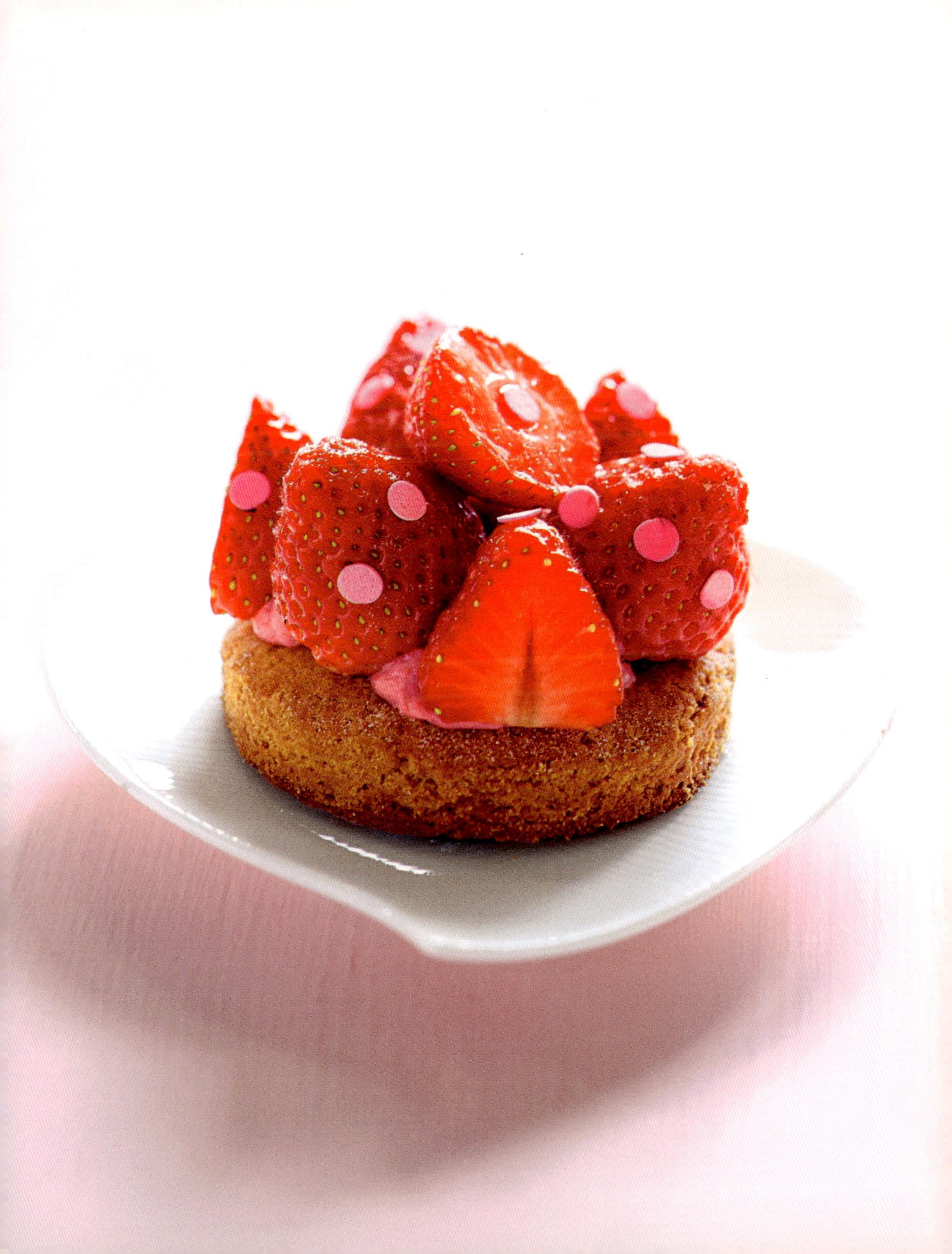

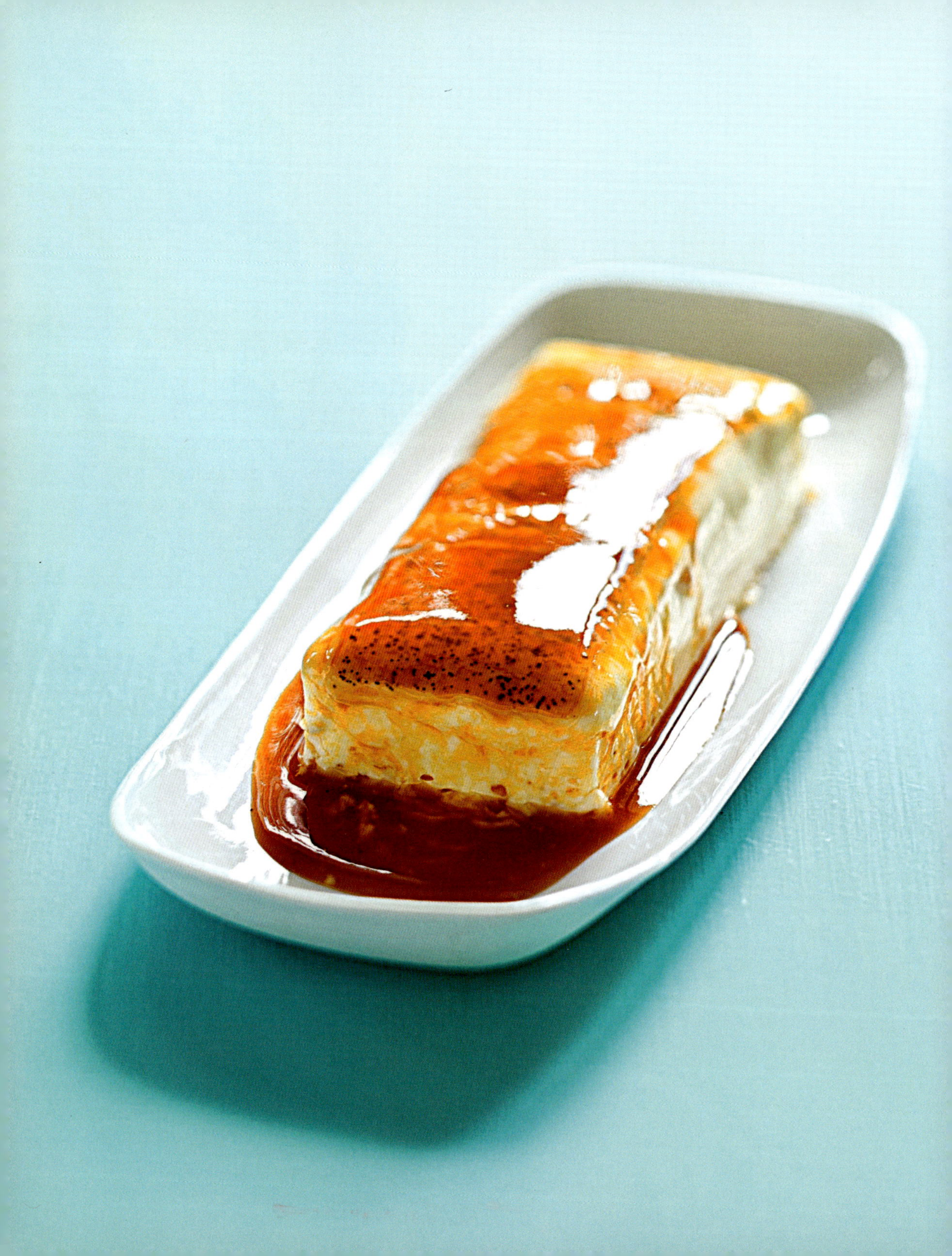

CRÈME RENVERSÉE AU CARAMEL D'ORANGE

Nombre de calories : 225 Kcal par personne -38 % Réduction calorique

15,2 G DE GLUCIDES

Préparation : 20 min
Cuisson : 1 h 15 min

Pour 8 personnes

INGRÉDIENTS

7 œufs
4 jaunes d'œufs
20 g de CANDEREL Sucralose®
2 gousses de vanille
1 l de lait entier

Pour le caramel d'oranges

500 g de jus d'oranges pressées
10 g de CANDEREL Sucralose®

PRÉPAREZ LE CARAMEL. Versez le CANDEREL Sucralose® dans une casserole à fond épais avec le jus d'orange et faites réduire à feu moyen jusqu'à l'obtention **D'UN CARAMEL RÉGULIER** (homogène et d'une couleur uniforme).
Puis **PLONGEZ** le fond de la casserole dans un récipient rempli d'eau froide pour stopper la cuisson. Tant que le caramel est encore fluide, versez-le dans de petits ramequins supportant la chaleur sur une épaisseur de 5 mm environ.
Laissez **COMPLÈTEMENT REFROIDIR** le caramel.

Pendant ce temps, **PRÉPAREZ LA CRÈME.** Préchauffez votre four à 160 °C. Cassez les œufs entiers dans un récipient, ajoutez les jaunes d'œufs. Cassez-les avec un fouet puis versez le CANDEREL Sucralose® tout en continuant de mélanger avec le fouet. Prenez garde **DE NE PAS FAIRE MOUSSER** l'appareil. Ajoutez les graines des gousses de vanille et mélangez avant de verser le lait petit à petit.
FILTREZ L'ENSEMBLE à l'aide d'une passoire fine pour ôter les éventuels résidus de vanille.

À l'aide d'une petite louche, remplissez les ramequins contenant le caramel. Placez-les dans un plat contenant de l'eau froide, afin d'avoir un bain-marie, et enfournez pendant 1 heure. Les crèmes sont cuites lorsque la crème n'est plus tremblotante. Ensuite, laissez refroidir les crèmes complètement **AVANT DE LES DÉMOULER.**
POUR LE DÉMOULAGE : faites glisser la lame fine d'un petit couteau autour de la crème cuite puis retournez-la sur une assiette. Ôtez le pot et dégustez !

CRÊPES VERVEINE

Nombre de calories : 251 Kcal par personne
Réduction calorique : -41 %

35,7 G DE GLUCIDES

Préparation : 20 min
Cuisson : 1 h 15

Pour 8 personnes

INGRÉDIENTS

Pour la pâte à crêpes
250 g de farine
17 g de CANDEREL Sucralose®
1 pincée de sel
4 œufs
75 cl de lait
1 bouchon de rhum

Pour la crème pâtissière à la verveine
25 cl de lait
12 g de verveine séchée
10 g de CANDEREL Sucralose®
2 œufs
25 g de Maïzena®
30 g de beurre
250 g de fraises

PRÉPAREZ LA PÂTE À CRÊPES. Versez la farine dans un saladier, ajoutez les œufs un à un, puis les autres ingrédients en terminant par le lait et en remuant sans cesse afin d'éviter les grumeaux. Vous pouvez éventuellement **MIXER LA PÂTE** pour vous en assurer. Laissez-la reposer pendant au moins 4 heures (une nuit idéalement).

Pendant ce temps, **PRÉPAREZ LA CRÈME PÂTISSIÈRE À LA VERVEINE.** Versez le lait et la verveine dans une casserole avec le CANDEREL Sucralose®. Portez à ébullition et laissez infuser hors du feu pendant 10 minutes.

Dans un récipient, **FOUETTEZ VIVEMENT** la Maïzena® avec les œufs de manière à obtenir un mélange homogène. Versez le lait chaud à travers un chinois sur ce mélange sans cesser de remuer.
Reversez dans la casserole cette préparation et faites cuire à feu moyen **SANS CESSER DE MÉLANGER.**
La crème va épaissir et se mettre à bouillir. Arrêtez alors la cuisson et réservez à température ambiante.
Ajoutez le beurre en parcelles et mélangez bien.

Laissez refroidir et **ENTREPOSEZ AU FRAIS.** Faites cuire les crêpes dans une poêle bien chaude au moment du service, réservez-les. **GARNISSEZ-LES** de crème pâtissière à la verveine et de fraises.

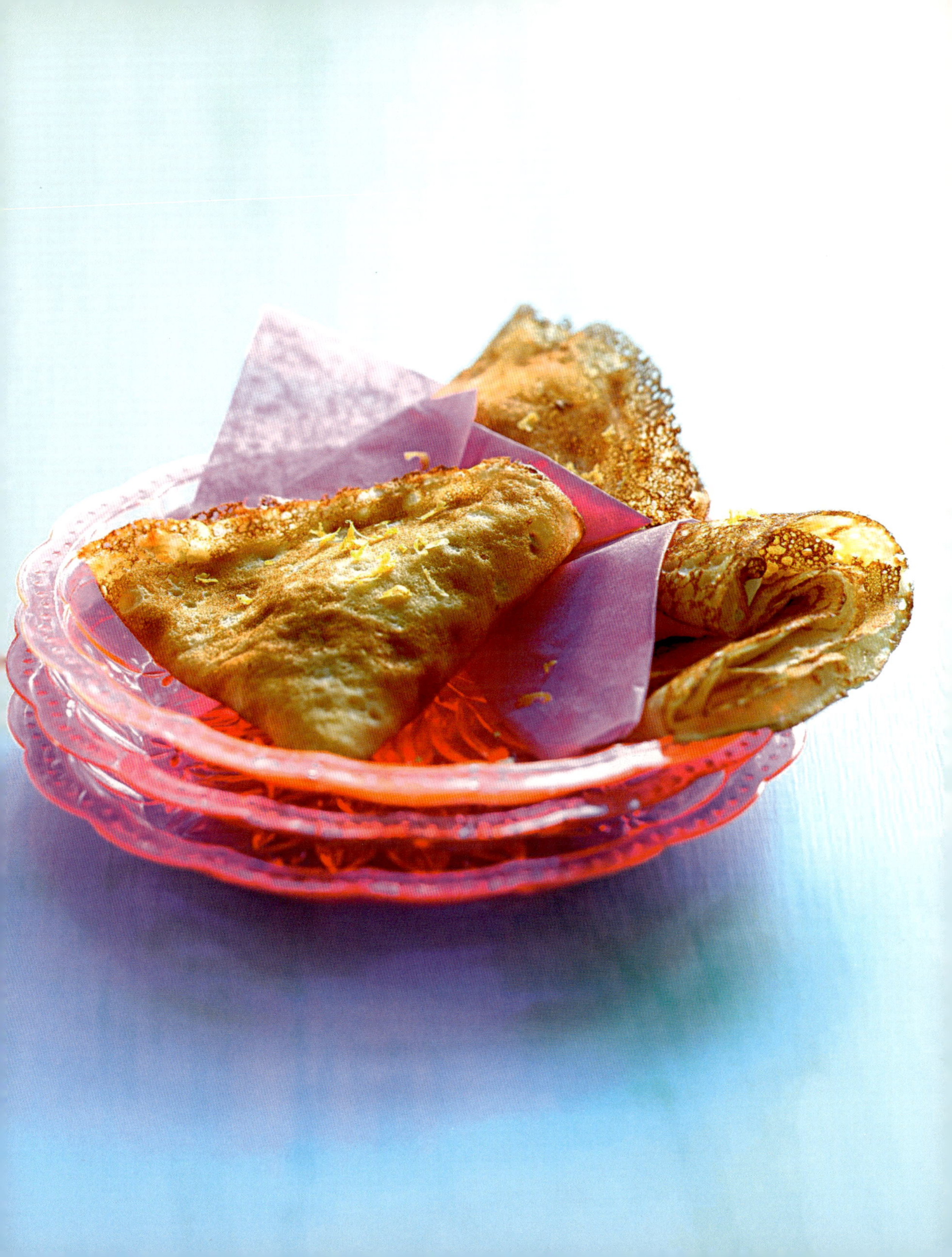

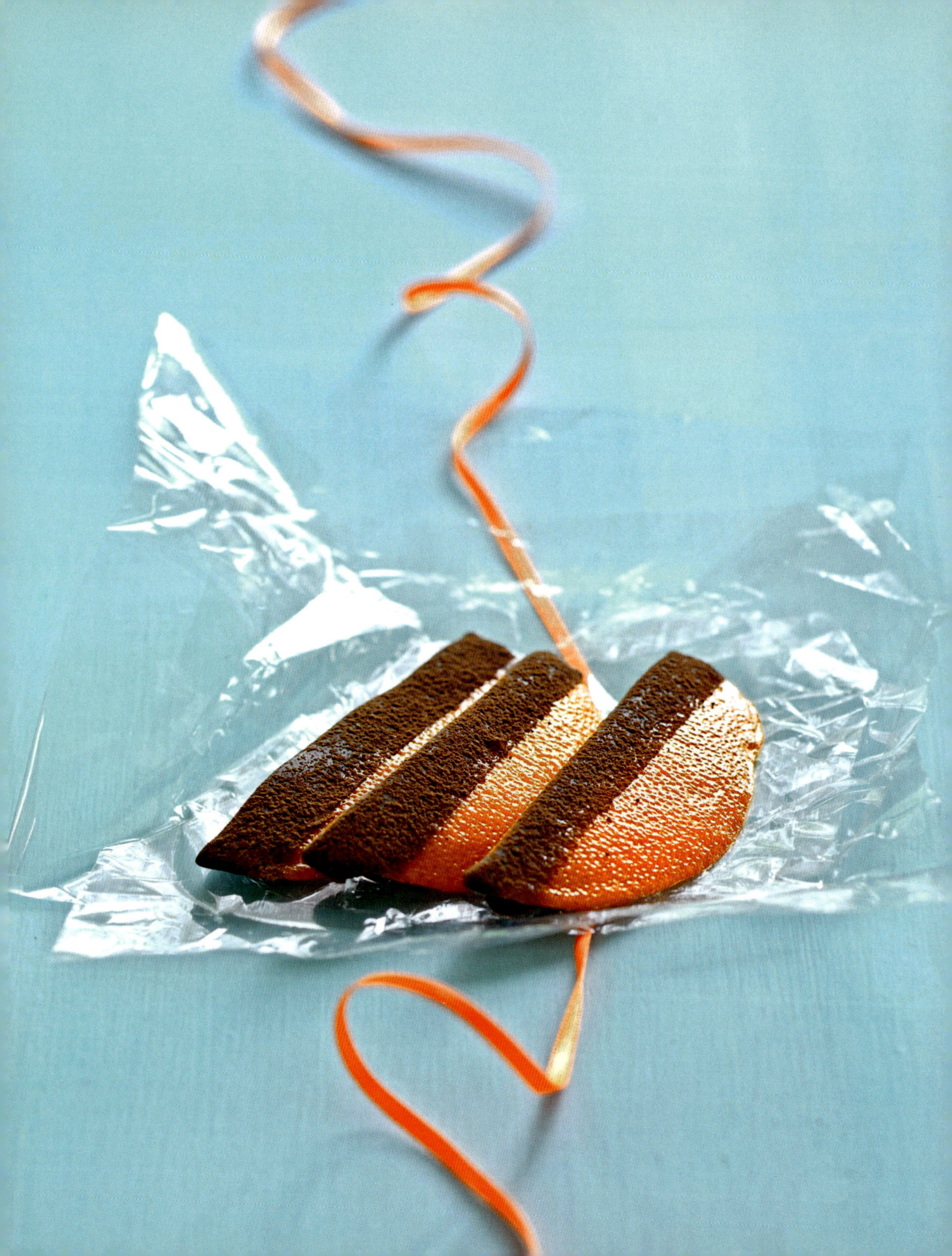

ORANGES CONFITES AU CHOCOLAT

Nombre de calories :
76,4 Kcal
par pièce
-33,3 %
Réduction calorique :

7,1 G DE GLUCIDES

Préparation : 25 min
Cuisson : 20 min (+ repos 1 h)

Pour env. 20 pièces

INGRÉDIENTS

5 oranges non traitées
20 g de CANDEREL Sucralose®
50 g de glucose ou de miel
25 cl d'eau minérale
25 cl de jus d'orange
200 g de chocolat noir amer
50 g de cacao amer

À l'aide d'un petit couteau bien affûté, PELEZ LES ORANGES en prenant soin de prendre un peu de pulpe. Faites bouillir de l'eau dans une casserole, plongez-y les zestes ; laissez-les bouillir durant une minute puis égouttez-les. Recommencez cette opération deux fois, ce qui permettra d'atténuer l'amertume de la peau d'orange (on appelle cette opération « BLANCHIR » les zestes).
Lorsqu'ils sont suffisamment blanchis, réalisez un sirop avec les 20 g de CANDEREL Sucralose®, le glucose, les 25 cl d'eau minérale et le jus d'orange que vous portez à ébullition.
Plongez-y les zestes et faites bouillir durant 5 à 10 minutes pour una consistance sirupeuse.
Laissez les zestes refroidir, puis rangez-les sur une grille.
Laissez-les égoutter une nuit à température ambiante avant de les ENROBER DE CHOCOLAT.

Cassez le chocolat en morceaux et faites-le fondre au bain-marie (50 °C), mélangez jusqu'à obtention d'une texture lisse. Mélangez ensuite dans un bain-marie froid pour que le tout soit à UNE TEMPÉRATURE DE 28 À 29 °C.
Ensuite, réchauffez très légèrement le chocolat de 30 à 32 °C.
TREMPEZ alors les zestes d'orange afin de les enrober de moitié et déposez-les sur un papier sulfurisé. Saupoudrez-les ensuite de cacao amer à l'aide d'un petit chinois.

CONSERVEZ CES AGRUMES en sachet jusqu'à consommation.

TARTELETTES MYRTILLES

Nombre de calories :
365 Kcal
par personne
-25,3 %
Réduction calorique :

45,8 G DE GLUCIDES

Préparation : 30 min
Cuisson : 30 min

Pour 6 personnes

INGRÉDIENTS

450 g de myrtilles sauvages
6 sachets de Vanilla®
350 g de pâte brisée
(voir recette de base)
50 g de chapelure (6 cuil. à soupe)

Pour l'appareil à crème prise

1 œuf
1/2 sachet de Vanilla®
12 cl de crème légère liquide
1 cuil. à café de farine
1 cuil. à café de kirsch

Préchauffez le four à 180 °C.

ABAISSEZ LA PÂTE BRISÉE de 2 cm d'épaisseur et découpez 6 cercles de pâtes de 9 cm de diamètre. **BEURREZ 6 MOULES À TARTELETTES** de 7 cm de diamètre et foncez-y la pâte brisée ainsi découpée.

En Alsace, les tartes aux myrtilles, quetsches, mirabelles, rhubarbe, se font avec **UN FOND DE CHAPELURE.** Garnissez la pâte d'une couche de 1 à 2 mm de chapelure.

RÉPARTISSEZ LES MYRTILLES sur les fonds de tarte.

PRÉPAREZ L'APPAREIL À CRÈME PRISE en fouettant l'œuf avec la farine, puis en ajoutant le reste des ingrédients. Versez l'appareil à crème prise sur les myrtilles et enfournez pour 30 minutes. À la sortie du four, saupoudrez les fruits de Vanilla®.

Vous pouvez aussi napper les myrtilles de **CONFITURE DE FRAISE AU YUZU** pour apporter plus de brillance.

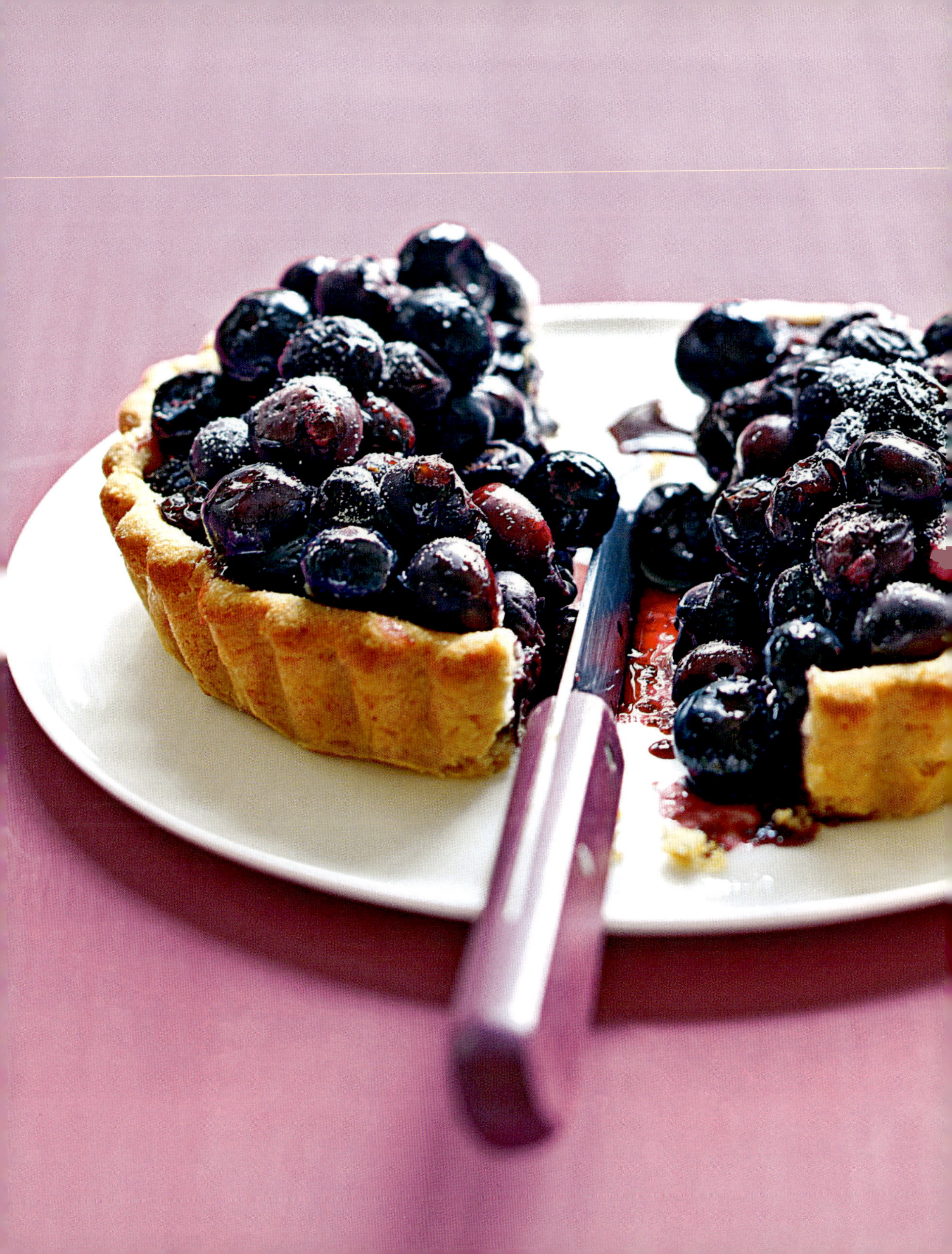

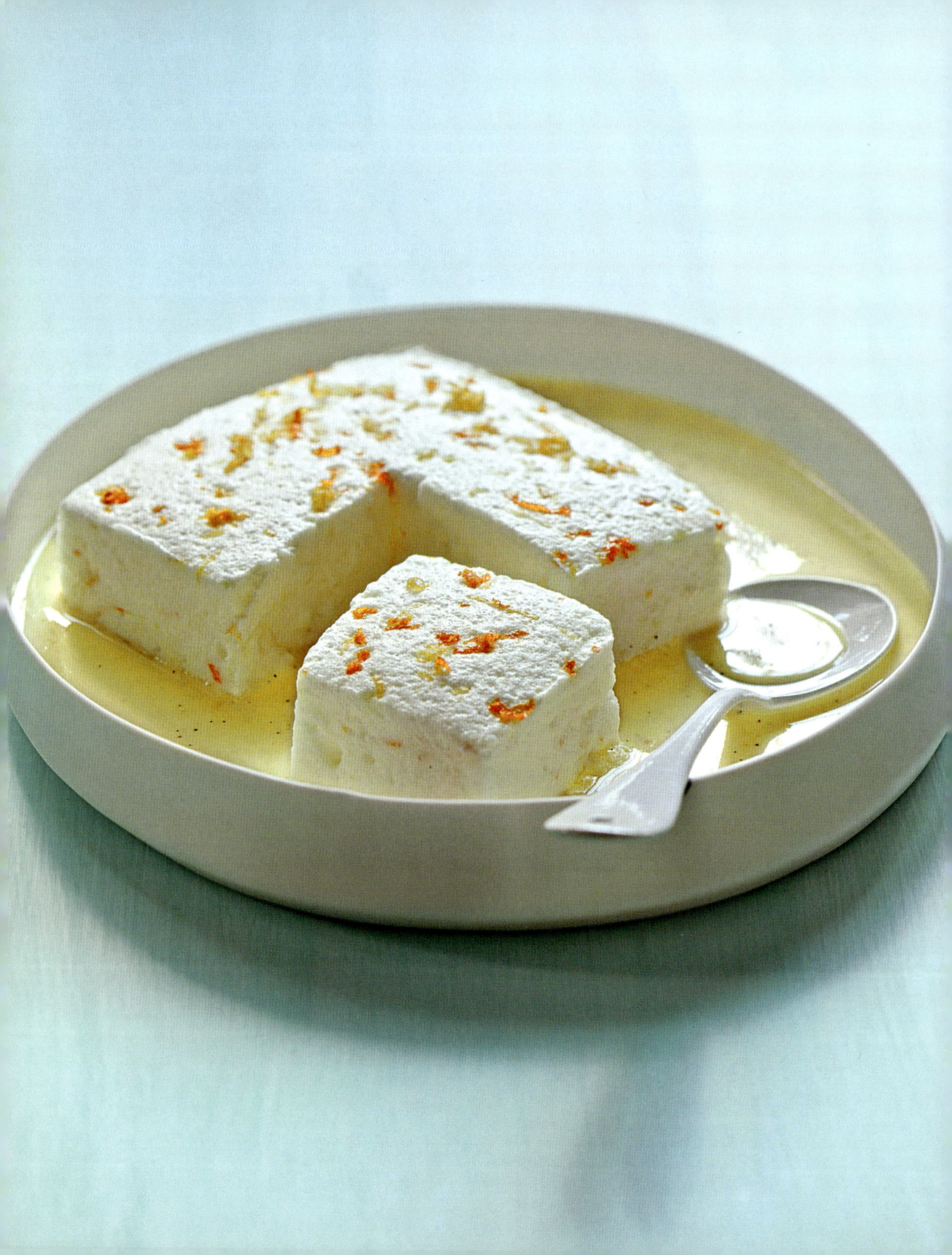

ILE FLOTTANTE AUX AGRUMES

Nombre de calories : 179 Kcal par personne
Réduction calorique : -60 %

9,8 G DE GLUCIDES

Préparation : 20 min
Cuisson : 10 min

Pour 4 à 6 personnes

INGRÉDIENTS

8 blancs d'œufs
20 g de CANDEREL Sucralose®
Zestes râpés de 1/2 mandarine
Zestes râpés de 1/2 citron
30 g de beurre allégé pour le moule

Pour la crème anglaise

35 cl de lait écrémé
3 gousses de vanille
15 cl de crème légère liquide
5 jaunes des 8 œufs
12 g de CANDEREL Sucralose®
2 sachets de Vanilla®

POUR LA CRÈME ANGLAISE. Faites chauffer, sans atteindre l'ébullition, le lait écrémé avec la crème légère et les gousses de vanille fendues et grattées. Séparez les blancs des jaunes. Fouettez les jaunes avec le CANDEREL Sucralose® et les sachets de Vanilla®. Versez le liquide bien chaud dessus en fouettant et remettez le tout dans la casserole à cuire à feu doux **SANS JAMAIS CESSER DE REMUER.** Transvasez dans un récipient froid, filmez et entreposez au réfrigérateur.

Montez les blancs en neige en incorporant le CANDEREL Sucralose® et les zestes râpés. **BEURREZ UN MOULE** en Pyrex® rectangulaire et déposez-y les blancs. Faites-les cuire au micro-ondes pendant 10 secondes à pleine puissance, puis à nouveau 10 secondes.

Laissez refroidir puis démoulez et **DÉCOUPEZ EN GROS CARRÉS.** Servez avec la crème anglaise bien froide.

PÂTES DE FRUIT PASSION-COCO

Nombre de calories : 45 Kcal par pièce
Réduction calorique : -29 %

3,3 G DE GLUCIDES

Préparation : 10 min
(+ repos 4 h)
Cuisson : 2 min

Pour env. 20 pièces

INGRÉDIENTS

200 g de jus de fruit de la passion
100 g de jus d'orange
100 g de pulpe de banane
10 g de gélatine en feuilles
10 g de CANDEREL Sucralose®
100 g de noix de coco râpée

TREMPEZ LA GÉLATINE dans de l'eau froide.
Faites chauffer les jus et purée de fruits avec le CANDEREL Sucralose®, puis incorporez la gélatine préalablement essorée.

Chemisez un cercle carré à tarte de film alimentaire sur une plaque. Versez-y la préparation et **LAISSEZ PRENDRE** au réfrigérateur pendant au moins 4 heures.

Démoulez et découpez des carrés réguliers, roulez-les dans **LA NOIX DE COCO RÂPÉE.**

À CONSERVER au congélateur.

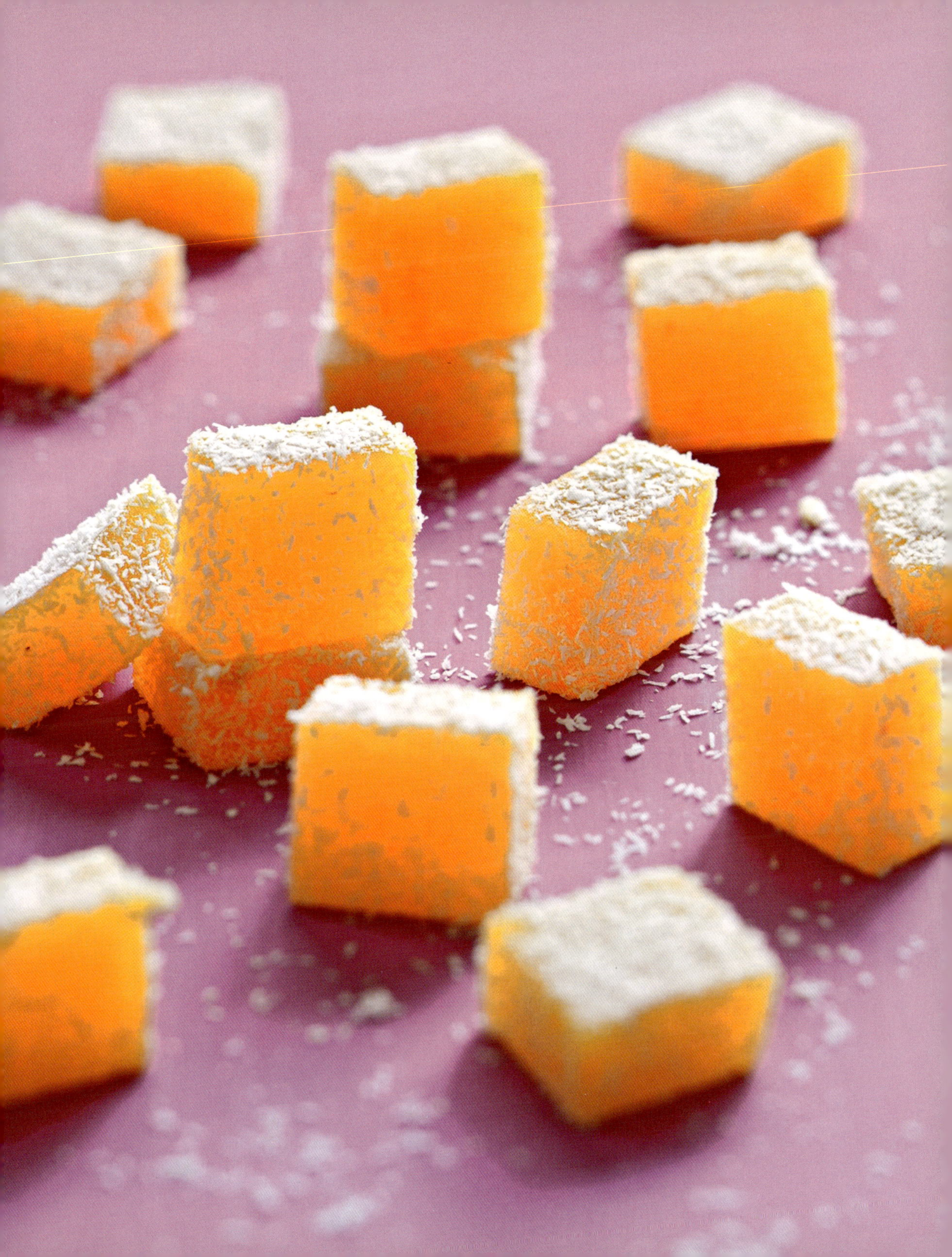

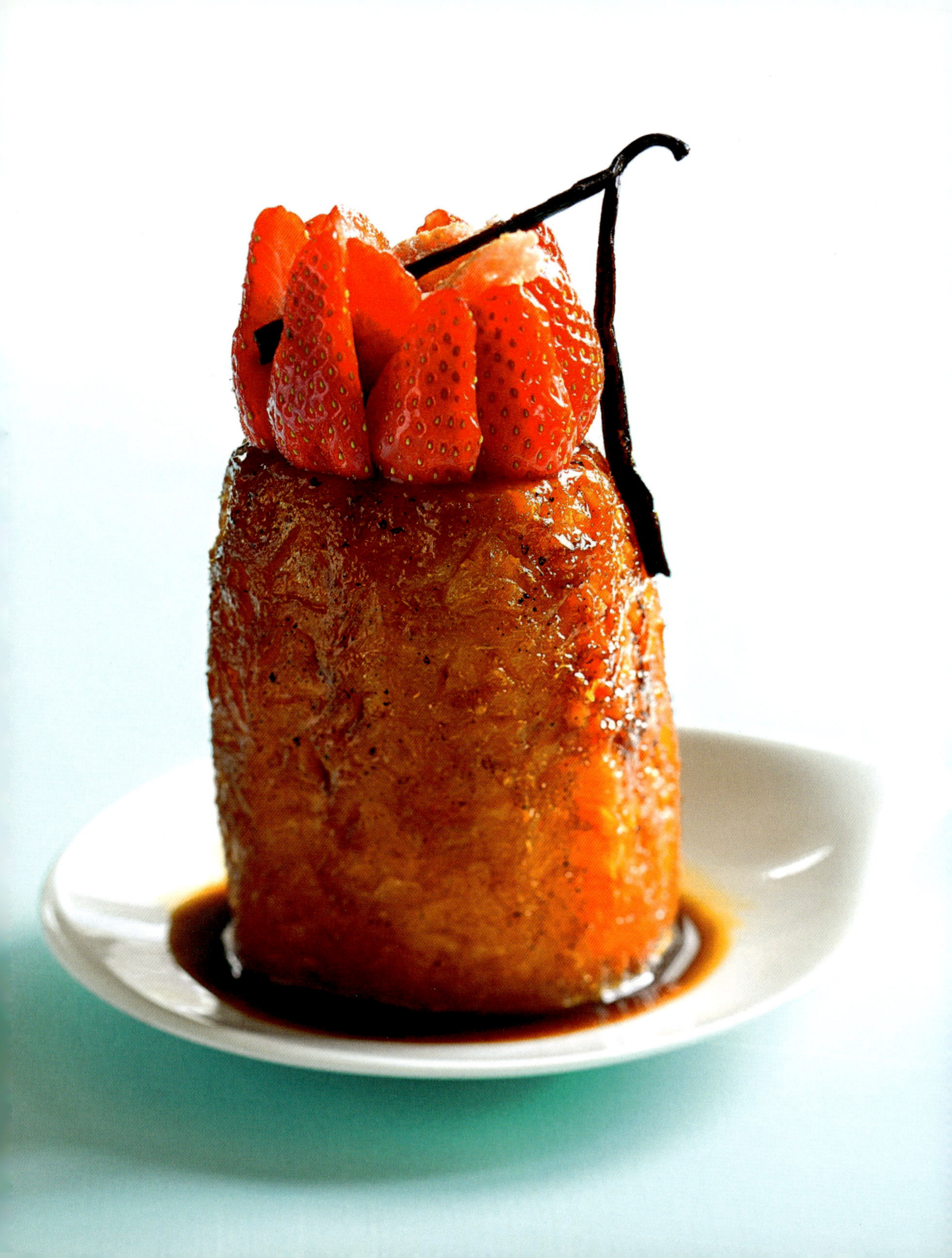

ANANAS RÔTI CARAMÉLISÉ

pour 6 personnes

Nombre de calories : 118 Kcal par personne
Réduction calorique : -61,4 %

21,6 G DE GLUCIDES

pour 4 personnes

Nombre de calories : 176 Kcal par personne
Réduction calorique : -61,4 %

32,5 G DE GLUCIDES

Préparation : 20 min
Cuisson : 1h15

4 à 6 personnes selon la taille de l'ananas

INGRÉDIENTS

1 ananas (Del Monte)
30 g de beurre allégé
1 gousse de vanille
3 cuil. à soupe de CANDEREL Sucralose®
1 l de jus d'orange
200 g de fraises

Pelez soigneusement l'ananas et **RETIREZ TOUS LES YEUX.**

Fendez et grattez la gousse de vanille. Faites chauffer à feu doux le beurre allégé, la vanille et le CANDEREL Sucralose® dans une poêle. Déposez-y l'ananas et retournez-le fréquemment **EN L'ARROSANT** petit à petit de jus d'orange. Faites-le cuire ainsi pendant 1 heure à 1 h 15, jusqu'à épuisement du jus d'orange.

ACCOMPAGNEZ l'ananas d'une tranche de brioche grillée, et d'un peu de crème anglaise à la vanille (page 85) ou, tout simplement, de quelques fruits ou raisins secs incorporés avant la fin de cuisson. Puis décorez de fraises coupées en deux et des gousses de vanille.

DOUILLON
DE POIRE

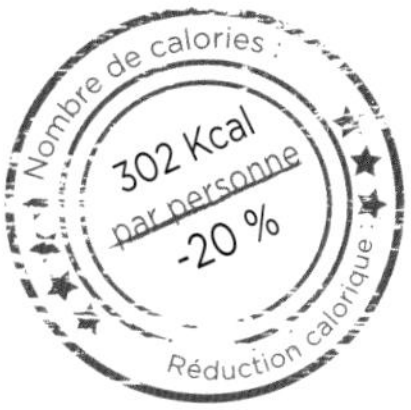

48,2 G DE GLUCIDES

Préparation : 30 min
Cuisson : 30 min

Pour 6 personnes

INGRÉDIENTS
350 g de pâte feuilletée
ou brisée (voir recette de base)
6 poires Comice

Pour la farce
6 abricots secs
6 pruneaux
12 cerneaux de noix
1 cuil. à soupe de cognac
1 cuil. à soupe de CANDEREL Sucralose®

PRÉPAREZ LA FARCE en hachant menu les fruits secs ensemble, et en les mélangeant au cognac et au CANDEREL Sucralose®. Réservez.

Préparez la pâte feuilletée. Préchauffez le four à 180 °C. **PELEZ ET ÉVIDEZ LES POIRES** par dessous en conservant la queue. Remplissez-les de la farce.

Étalez la pâte feuilletée et découpez-la en 6. Enroulez chaque poire de pâte feuilletée en laissant dépasser la tige, et déposez-les sur une plaque à four recouverte de papier sulfurisé. Enfournez pour 30 minutes.

DÉGUSTEZ LES POIRES EN DOUILLON TIÈDES.
Vous pouvez remplacer le cognac par un thé de Noël (aux épices). Dans ce cas, faites cuire le tout avec les fruits secs, dans une casserole, 5 minutes à feu doux.

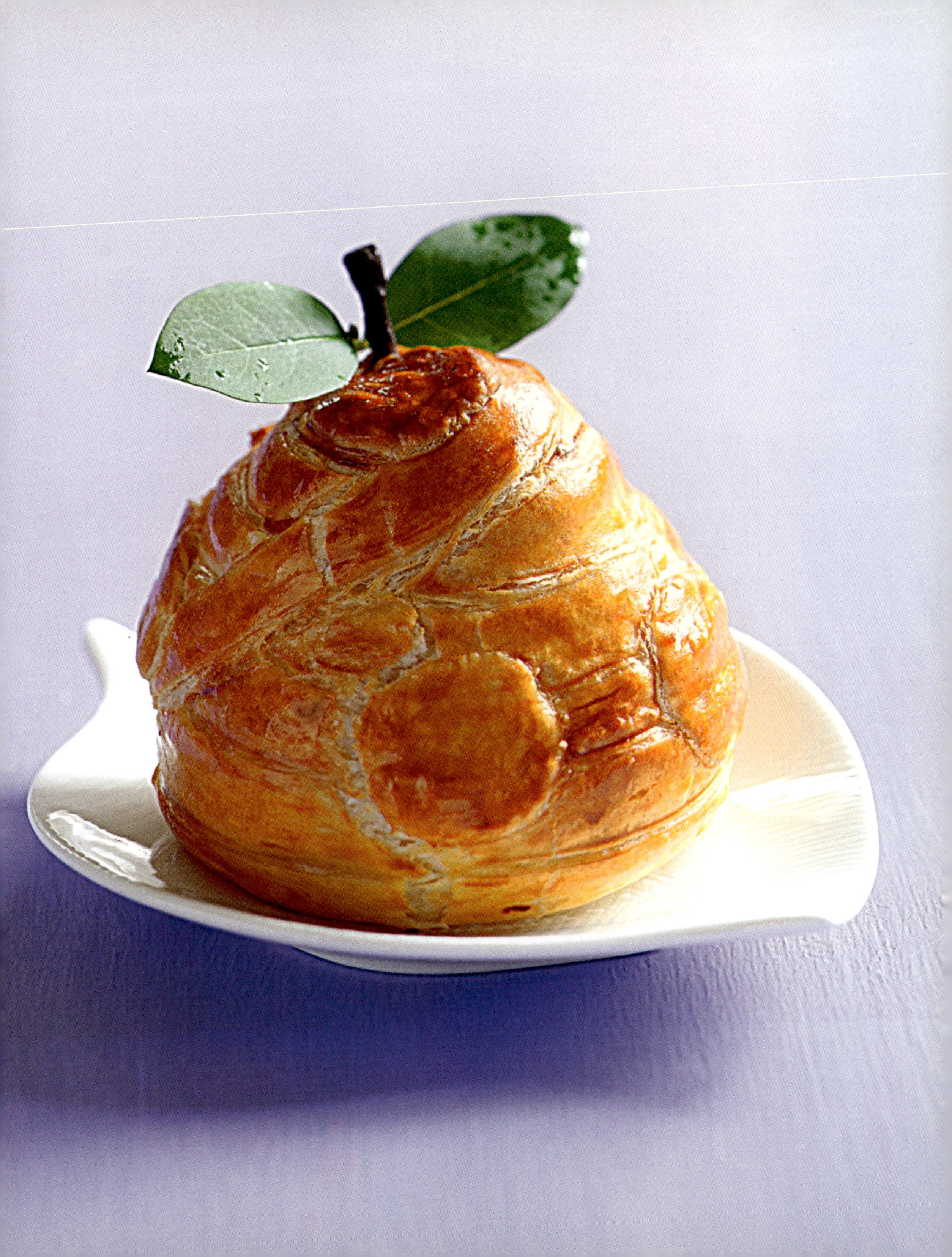

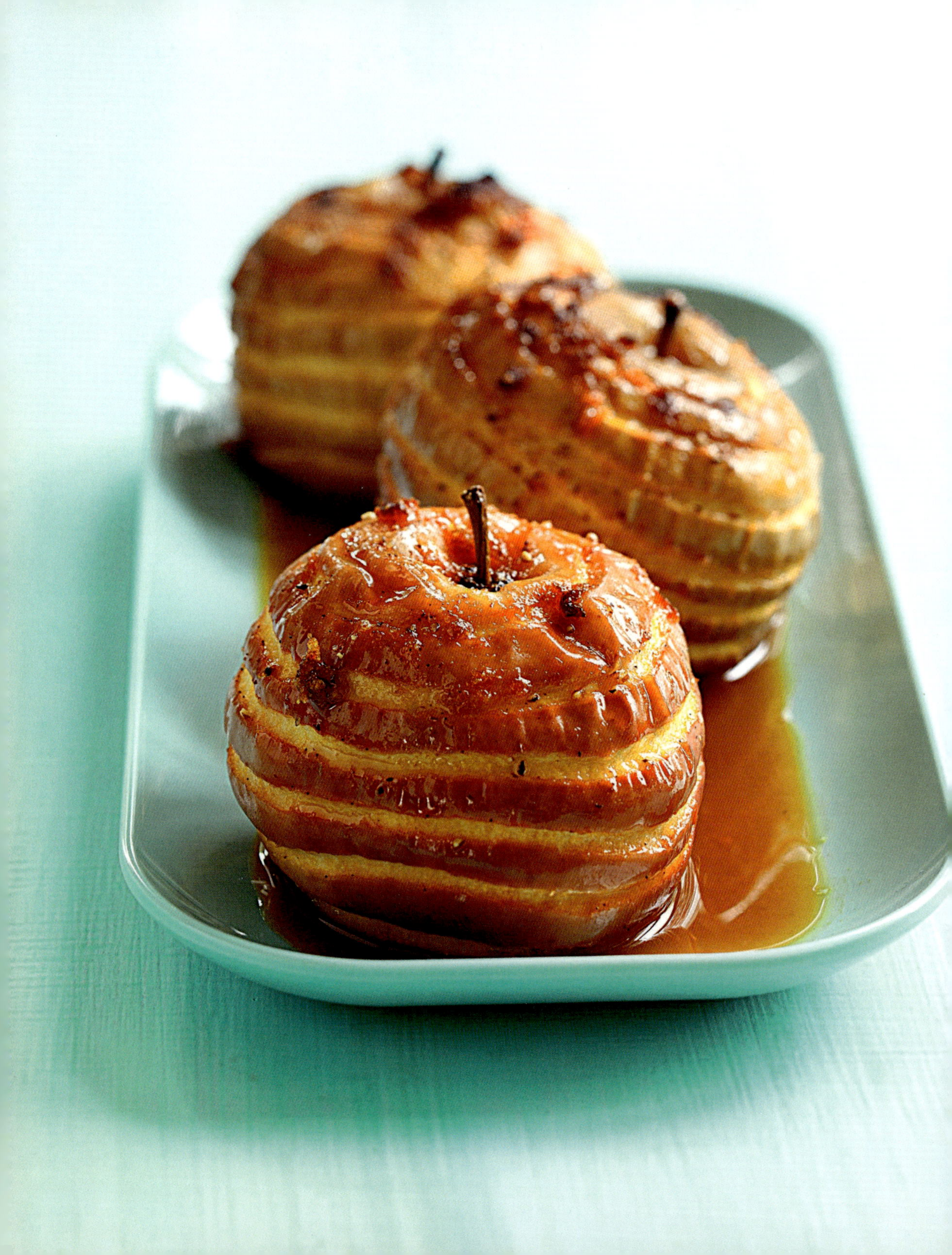

POMMES RÔTIES AU FOUR

Nombre de calories : 98,8 Kcal par personne -21,6 % Réduction calorique

22,5 G DE GLUCIDES

Préparation : 20 min
Cuisson : 25 min

Pour 6 personnes

INGRÉDIENTS

6 pommes Fuji
Le zeste râpé et le jus de 2 oranges
3 cuil. à soupe de CANDEREL Sucralose®
2 pincées de noix de muscade râpée
2 pincées de cannelle en poudre
1 tour de moulin à poivre noir
Zestes râpés de 1 citron jaune

Préchauffez votre four à 160 °C.

ÉPLUCHEZ proprement les pommes à l'aide d'un gros zesteur bien affûté (il faut garder la forme ronde le plus possible) et taillez en laissant 5 mm entre les coupures, puis **CITRONNEZ-LES.** Prenez garde de conserver la tige pour la présentation finale.

MÉLANGEZ LES ZESTES, le jus d'orange, le CANDEREL Sucralose® ainsi que les épices toutes les 5 minutes.

Disposez les pommes dans une petite plaque à rôtir, puis **ARROSEZ-LES AVEC LE JUS D'ORANGE** aux épices. Couvrez d'aluminium et faites cuire durant 25 minutes.

DÉGUSTEZ-LES CHAUDES.

PARFAITS GLACÉS À LA GRIOTTE

Nombre de calories : 160 Kcal par personne
Réduction calorique : -30 %

12,6 G DE GLUCIDES

Préparation : 1 h + 1 nuit de congélateur pour le parfait

Pour 6 personnes

INGRÉDIENTS

2 jaunes d'œufs
10 g de CANDEREL Sucralose®
100 g de griottes mixées
50 g de griottes hachées
15 cl de crème liquide très froide

Pour la finition

20 cl de pulpe de framboise
4 g de gélatine
1 cuil. à soupe de CANDEREL Sucralose®

Moules Silikomart®

UNE HEURE À L'AVANCE, faites refroidir un grand bol au congélateur. Versez la crème légère liquide très froide dans le bol rafraîchi au congélateur. À l'aide d'un fouet, battez-la régulièrement, d'abord doucement puis **DE PLUS EN PLUS VITE** (l'idéal, pour cette opération, est d'utiliser le batteur électrique). Arrêtez de battre quand elle tient entre les branches du fouet et a doublé de volume. Réservez.

Dans un saladier, battez énergiquement les jaunes d'œufs avec le CANDEREL Sucralose® **JUSQU'À CE QUE LE MÉLANGE BLANCHISSE.** Ajoutez les griottes mixées et les griottes hachées, puis incorporez la crème légère fouettée. Versez ce mélange à ras bord dans un moule en silicone aux alvéoles en forme de cœur. Laissez prendre le tout une nuit au congélateur.

TREMPEZ LA GÉLATINE dans l'eau froide. Faites chauffer la purée de framboises avec le CANDEREL Sucralose® puis incorporez la gélatine préalablement essorée. Laissez presque refroidir.

DÉMOULEZ LES PARFAITS et trempez-les rapidement dans le glaçage de framboise avant de les déposer sur un papier sulfurisé pour les remettre au congélateur pendant 2 heures.

DÉGUSTEZ-LES GLACÉS.

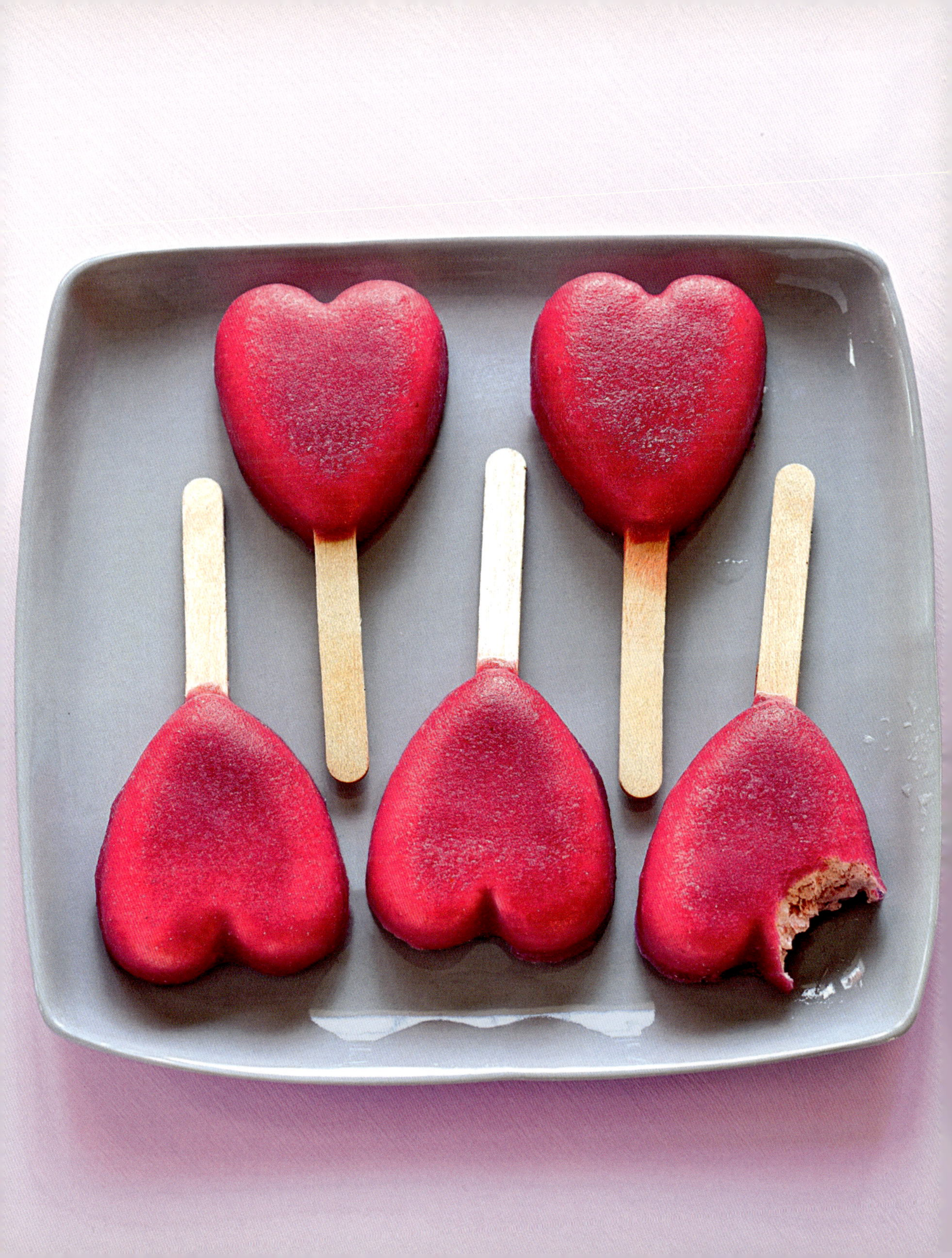

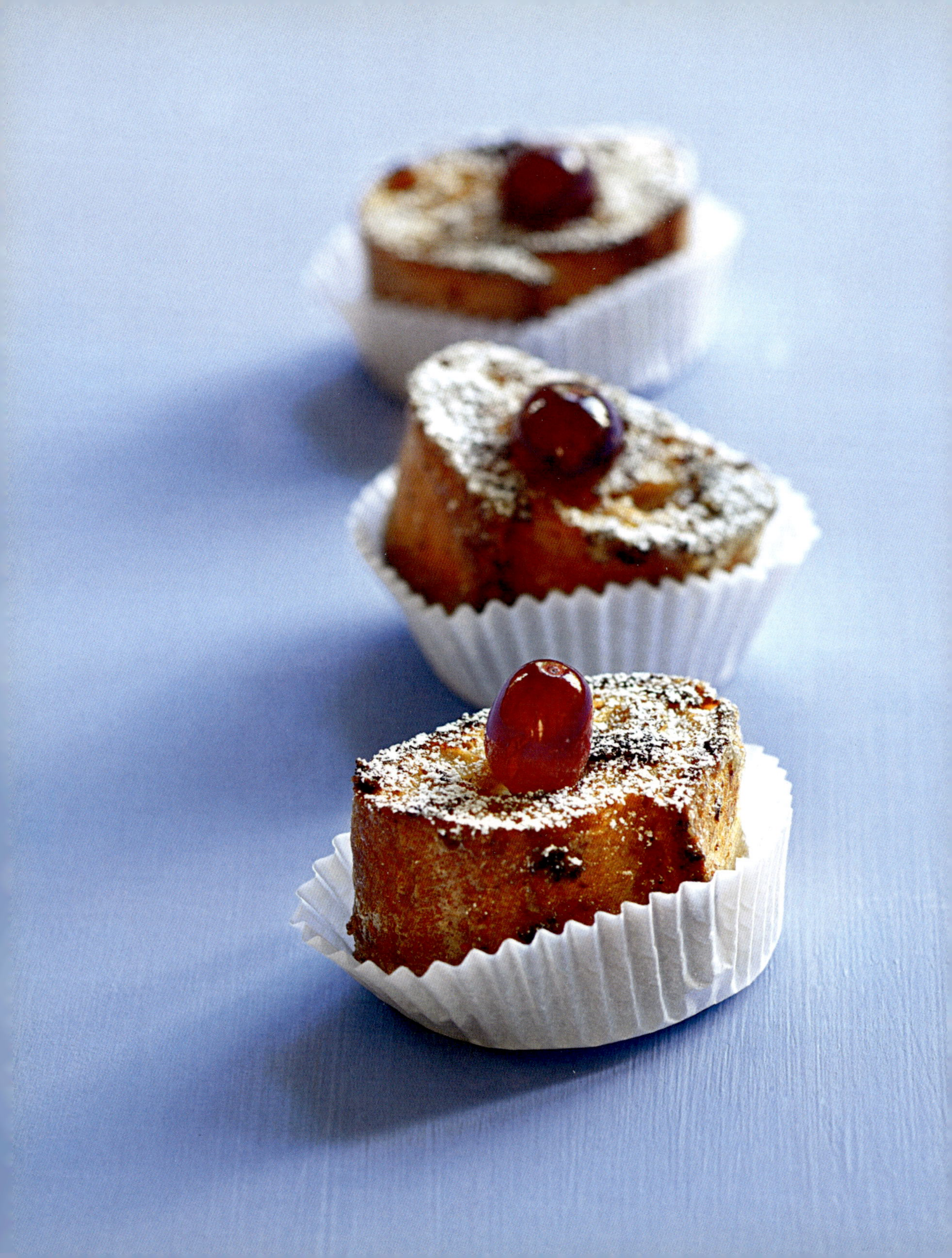

PAIN PERDU À LA VANILLE

Nombre de calories :
259 Kcal
par personne
-31 %
Réduction calorique

42,3 G DE GLUCIDES

Temps de préparation : 20 min
Temps de repos : 2 h
Temps de cuisson : 10 min

Pour 6 personnes

INGRÉDIENTS
6 tranches de pain baguette
30 g de beurre allégé
5 g de CANDEREL Sucralose®

Pour le lait de poule
100 g de lait écrémé
100 g de crème légère
1 œuf
1 jaune d'œuf
6 g de CANDEREL Sucralose®
1 gousse de vanille
1 bouchon de rhum (facultatif)

Pour le décor
Cerises confites

RÉALISEZ LE LAIT DE POULE. Mélangez l'œuf et le jaune avec le CANDEREL Sucralose®, puis ajoutez le lait écrémé et la crème légère ainsi que la vanille fendue en 2 et grattée.

FAITES TREMPER les tranches de baguette dans le lait de poule pendant 2 heures.

FAITES DORER les tranches de baguette dans une poêle bien chaude avec un CARAMEL constitué par le beurre mélangé au CANDEREL Sucralose®.

Dressez les tranches de pain perdu avec une CERISE CONFITE en décor. Servez immédiatement.

Vous pouvez également les manger le lendemain, sans les réchauffer, au petit déjeuner !

SCONES AUX RAISINS

Nombre de calories : 100 Kcal par scone -21 % Réduction calorique

18,3 G DE GLUCIDES

Préparation : 10 min
Cuisson : 12 min

Pour 20 scones

INGRÉDIENTS

400 g de farine
9 g de CANDEREL Sucralose®
50 g de beurre allégé
25 g de levure chimique
1 œuf + 1 jaune d'œuf
1 pomme verte en cubes
15 cl de lait écrémé frais
50 g de raisins secs

ÉPLUCHEZ la pomme et coupez-la en petits cubes de 1 cm. Réservez-les au réfrigérateur, recouverts d'un film alimentaire.

Dans un saladier, versez la farine, le beurre allégé et, le CANDEREL Sucralose® tamisé avec la levure chimique. Mélangez à l'aide des deux mains en frottant les ingrédients afin d'obtenir une **TEXTURE SABLEUSE.** Ajoutez l'œuf et le lait écrémé, tout en mélangeant à chaque fois avec une spatule en bois.

Sortez les pommes du réfrigérateur et incorporez-les à la pâte, ainsi que les raisins. **MALAXEZ** le tout. Déposez le mélange sur un papier sulfurisé et recouvrez d'un autre morceau de papier. Étalez au rouleau sur une épaisseur de 3 cm. **LAISSEZ AU FRAIS** pendant une heure. Préchauffez le four à 240 °C.

SORTEZ LA PÂTE du réfrigérateur et ôtez délicatement le film du dessus. Farinez abondamment et retournez la pâte sur votre plan de travail. Enlevez le film restant et détaillez soit en carrés à l'aide d'un couteau, soit en ronds à l'aide d'un emporte-pièce (il y aura alors des chutes). Posez sur une plaque à four avec une feuille sulfurisée et **DOREZ** au jaune d'œuf à l'aide d'un pinceau.

ENFOURNEZ pour 6 minutes puis baissez la température à 210 °C et poursuivez la cuisson 6 à 7 minutes. Testez la cuisson en cassant un scone en deux, la pâte à l'intérieur doit être cuite. Servez tiède avec de la confiture au yuzu.

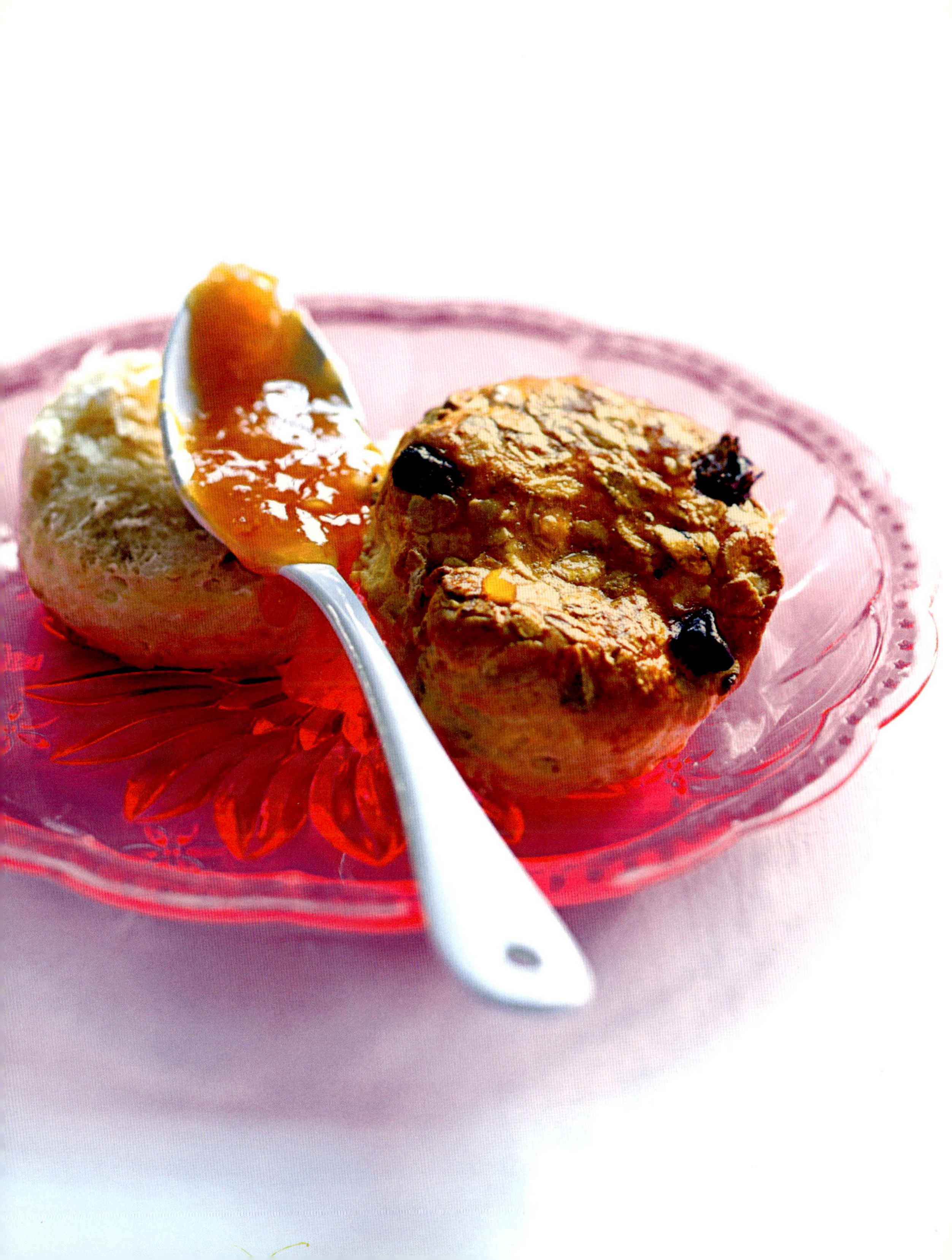

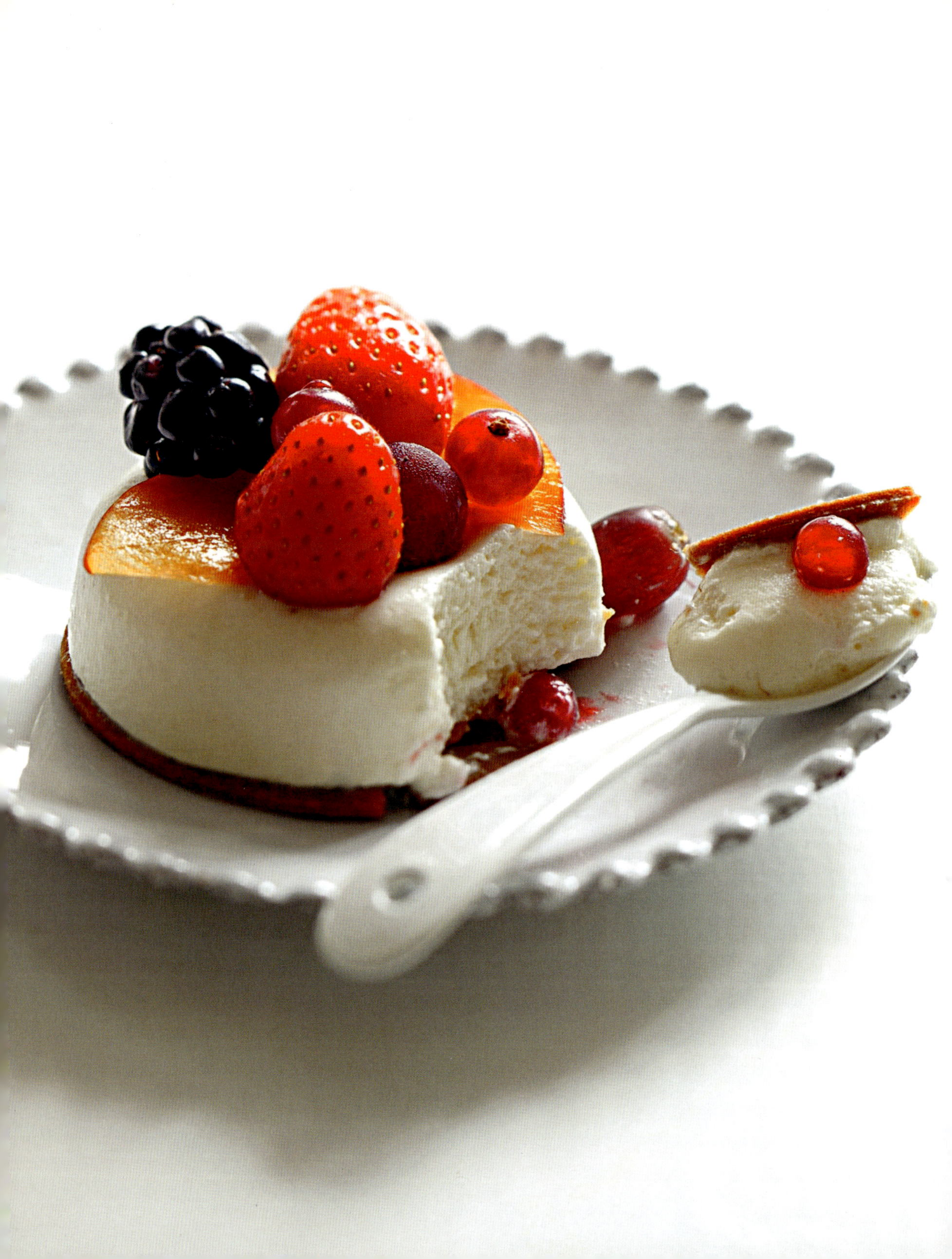

BLANC-MANGER

Nombre de calories : 148 Kcal par personne
Réduction calorique : -30 %

6,2 G DE GLUCIDES

Préparation : 20 min
Repos : 4 h (démarrage la veille)
Cuisson : 5 min

Pour 6 personnes

INGRÉDIENTS

100 g d'amandes entières mondées
100 g de lait écrémé
5 g de CANDEREL Sucralose®
100 g de crème légère liquide bien froide
1 goutte d'extrait d'amande amère
1 feuille de gélatine

Pour le décor

Fruits rouges mélangés
1 pêche
6 sablés

LA VEILLE, faites **BOUILLIR** le lait écrémé avec et les amandes, puis mixez le tout. Laissez **MACÉRER** toute une nuit.

LE LENDEMAIN, passez au chinois dans une casserole et **CHAUFFEZ** le lait d'amandes. Hors du feu, ajoutez la gélatine préalablement ramollie dans de l'eau froide et essorée ainsi que l'extrait d'amande amère. Laissez refroidir sur un bain marie glacé.

Pendant ce temps, **MONTEZ** la crème légère liquide avec le CANDEREL Sucralose® puis incorporez-la délicatement à la préparation précédente. Moulez dans des moules à savarins et laissez prendre au congélateur pendant au moins 4 heures.

Au moment de servir, **DÉMOULEZ LE BLANC-MANGER** sur un sablé. Posez sur une assiette et décorez de fruits frais.

QUATRE-QUART AU CITRON

Nombre de calories : 187,6 Kcal par personne
Réduction calorique : -33,5 %

25,6 G DE GLUCIDES

Préparation : 20 min
Cuisson : 50 min

Pour 10 personnes

INGRÉDIENTS
4 œufs
100 g de sucre semoule
15 g de CANDEREL Sucralose®
1 pincée de sel fin
100 g de crème légère liquide
2 zestes de citron
190 g de farine
4 g de levure chimique
70 g beurre allégé

Préchauffez le four à 180 °C.

Faites **FONDRE** le beurre allégé dans une casserole, réservez. Râpez les zestes de citron finement. **TAMISEZ** la farine avec la levure chimique.

Versez les œufs dans un saladier avec le CANDEREL Sucralose® et le sucre semoule, fouettez à l'aide d'un batteur électrique afin d'obtenir **UNE MOUSSE ONCTUEUSE.** Ajoutez les zestes de citrons râpés finement, le sel, la crème légère liquide, et mélangez délicatement. Versez le mélange farine/levure **EN PLUIE,** remuez en même temps, incorporez le beurre allégé fondu tiède. Mixez 5 secondes si le mélange comporte des grumeaux.

BEURREZ un moule de 22 à 24 cm de longueur et tapissez-le de papier sulfurisé, versez-y la pâte. Cuire 10 minutes, puis baissez à 160 °C et poursuivez pour 40 minutes. Vérifiez la cuisson en enfonçant la pointe d'un petit couteau au centre du cake, elle doit ressortir sèche.

RÂPEZ du zeste de citron pour décorer le dessus du cake. Dégustez à température ambiante.

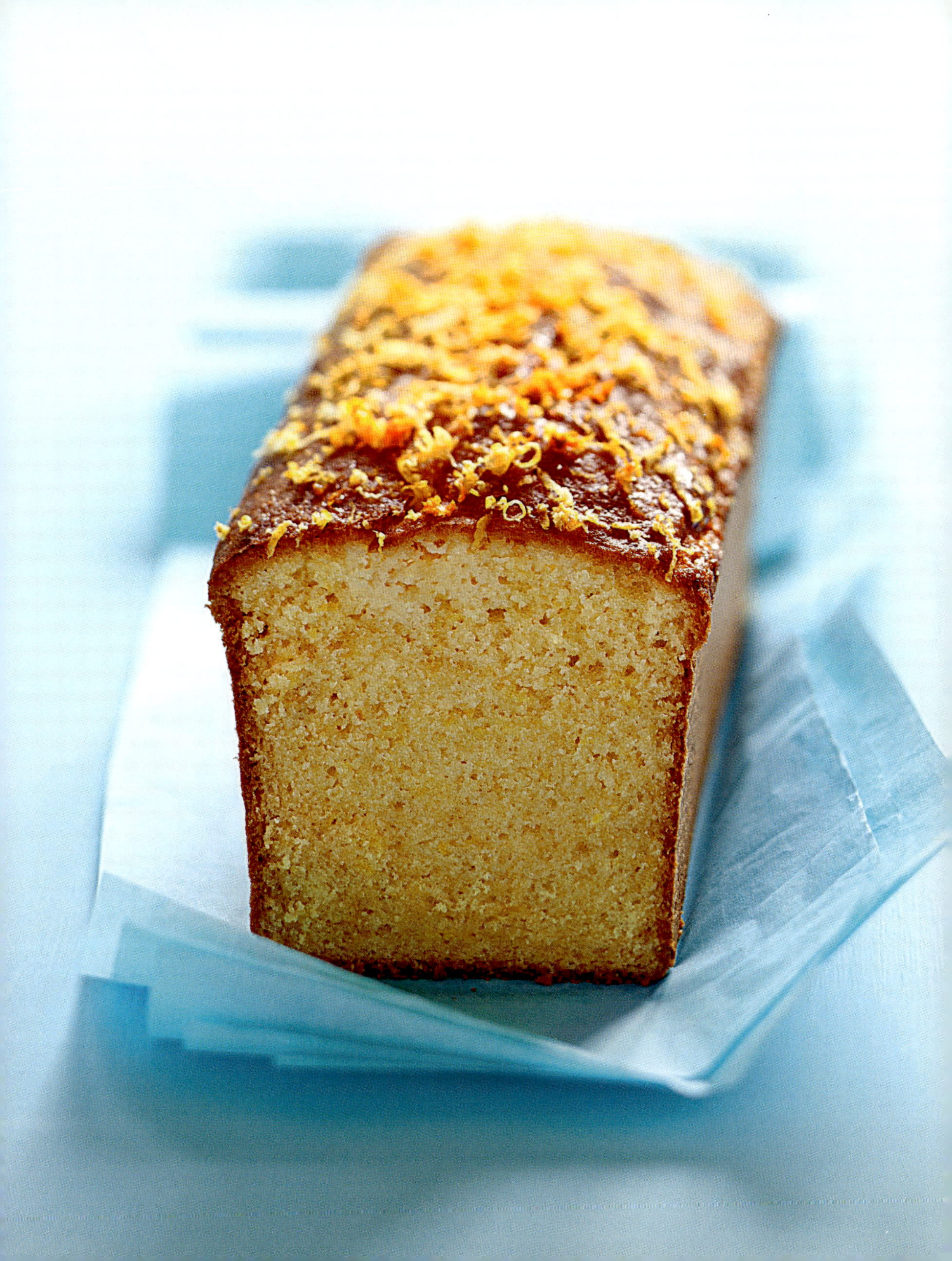

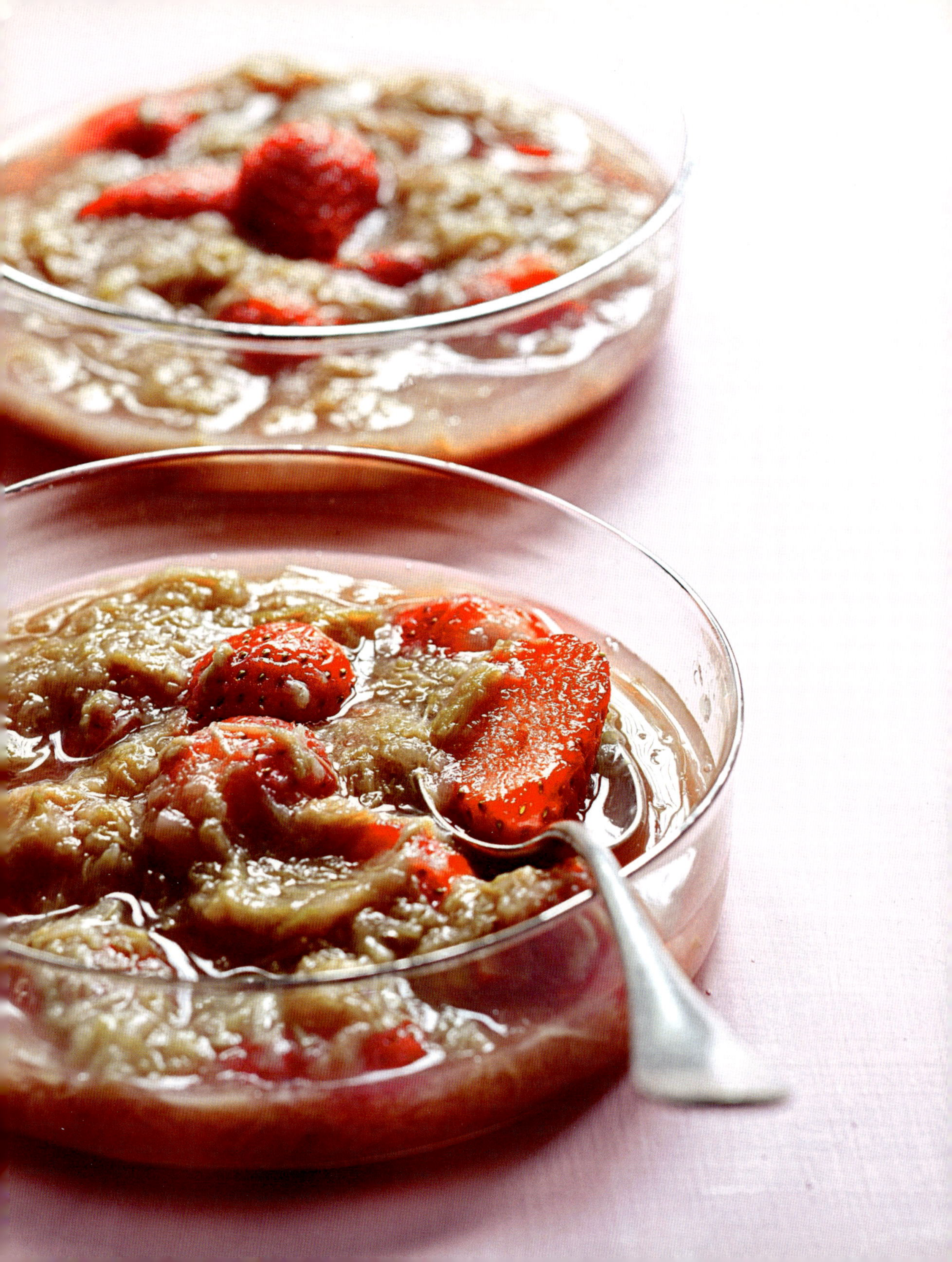

COMPOTE FRAISE-RHUBARBE

Nombre de calories : 42 Kcal par personne
Réduction calorique : -59 %

8,5 G DE GLUCIDES

Préparation : 15 min
Repos : 1 nuit
Cuisson : 5 min

Pour 6 personnes

INGRÉDIENTS

700 g de rhubarbe (avant épluchage)
300 g de fraises
10 g CANDEREL Sucralose®
1 clou de girofle
4 g de gélatine
1 pincée de cannelle

ÉPLUCHEZ la rhubarbe à l'aide d'un petit couteau, coupez-la en tronçons de 3 cm de longueur. Mélangez-la au CANDEREL Sucralose® et laissez **DÉGORGER** une nuit au réfrigérateur.

Le jour même, faites **RAMOLLIR** la gélatine à l'eau froide et faites-la fondre au four à micro-ondes.

ÉQUEUTEZ et coupez les fraises en deux. Placez-les avec la rhubarbe et le clou de girofle dans une casserole, puis portez le tout à ébullition à feu doux tout en remuant. Retirez le clou de girofle, ajoutez la gélatine fondue, mélangez bien et **RÉSERVER AU FRAIS.**

SERVEZ avec un sorbet fraise, ou une glace au fromage blanc ou au yaourt. Saupoudrez d'une pincée de cannelle.

BABA AU RHUM OU SAVARIN

Nombre de calories : 402 Kcal par personne
Réduction calorique : -30,3 %

44,6 G DE GLUCIDES

Préparation : 30 min
Cuisson : 30 min

Pour 6 personnes

INGRÉDIENTS

Pour la pâte à baba
200 g de farine
50 g de beurre allégé
2 g de CANDEREL Sucralose®
4 g de sel
15 g de levure chimique
2 œufs
1/2 cuil. à café
de vanille liquide
50 g de raisins secs

Pour le sirop savarin
35 cl d'eau
10 cl de jus d'orange
1 gousse de vanille
20 g de CANDEREL Sucralose®
25 g de rhum brun

Pour la chantilly
25 cl de crème légère liquide
bien froide
1 cuil. à soupe de CANDEREL
Sucralose®
1 sachet de Vanilla®

Préchauffez le four à 200° C.

MÉLANGEZ ENSEMBLE la farine, la levure, le CANDEREL Sucralose® et les œufs un par un, bien travailler en **PÉTRISSANT** la pâte au robot avec la feuille, ajoutez en dernier le beurre allégé fondu, ainsi que les raisins secs. Laissez la pâte au repos 1 heure afin qu'elle double de volume, boulez et roulez la pâte en boudin, et déposez-la dans un moule à baba beurré.

LAISSEZ LEVER la pâte 2 heures et enfournez 25 à 30 minutes selon le type de four.

Mélangez tous les ingrédients du sirop et portez à ébullition, versez le **SIROP TIÈDE** sur le savarin. Entreposez au réfrigérateur.

Au moment de servir, **GLACEZ ET SAUPOUDREZ** de filaments de coco.
Préparez la chantilly en montant la crème légère liquide avec le CANDEREL Sucralose® et la Vanilla®, et décorez le savarin avec des peaux d'oranges detaillées à la douille.
Servez bien frais.

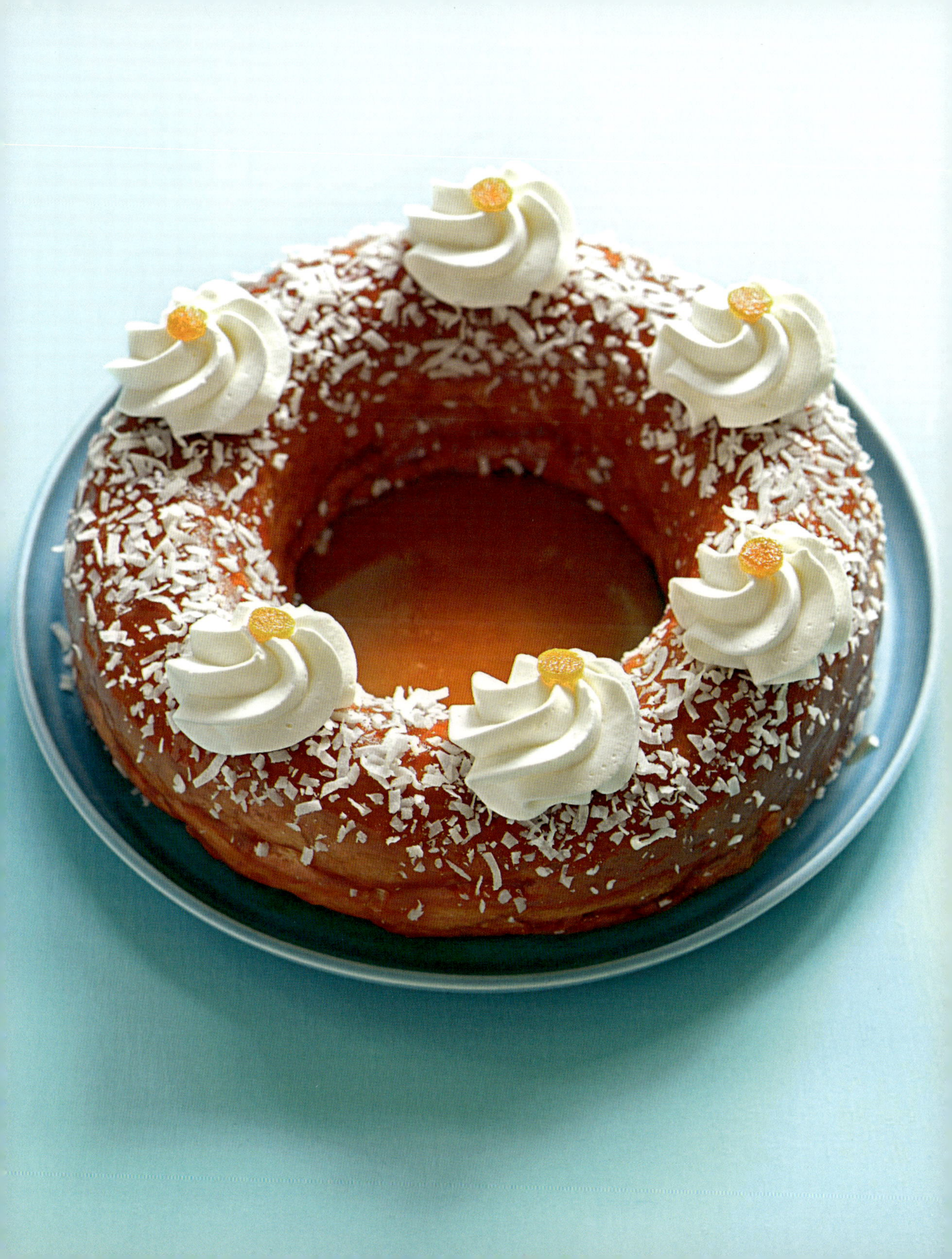

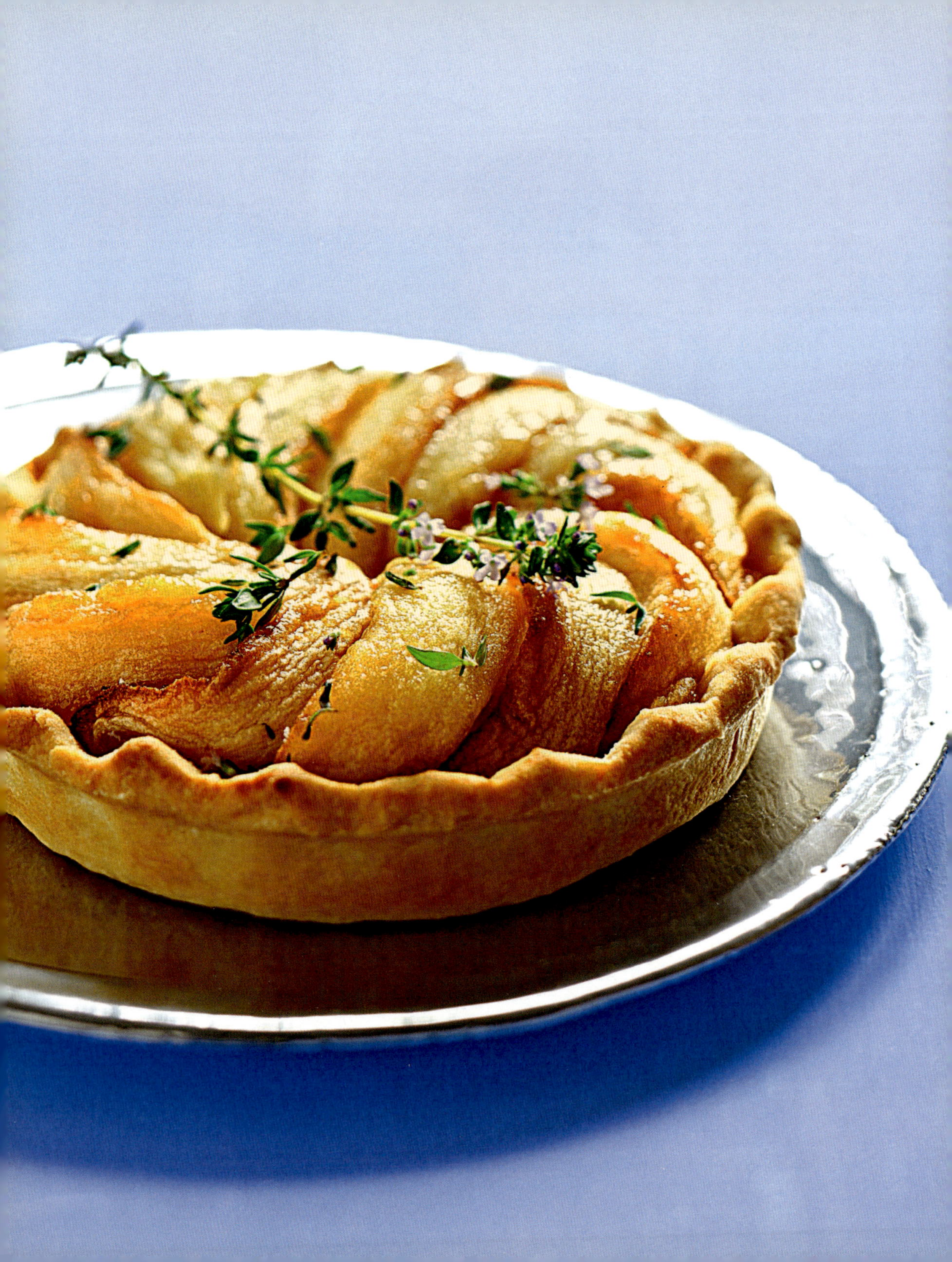

TARTE POMMES/POIRES AU THYM

Nombre de calories : 265,8 Kcal par personne
Réduction calorique : -35,8%

37,5 G DE GLUCIDES

Temps de préparation : 1 h
Temps de repos : 6 h minimum
Temps de cuisson : 25 à 30 min

Pour 6 personnes

INGRÉDIENTS

300 g de pâte brisée au robot (voir recette de base)
4 petites pommes boskoop
2 poires
60 g beurre allégé
8 g CANDEREL Sucralose®
2 sachets de Vanilla®
1 branche de thym fleuri

Préchauffez votre four à 180 °C.

Beurrez un cercle à tarte, **ABAISSEZ LA PÂTE** et foncez-la dans le cercle en prenant soin de réaliser une bordure à l'intérieur. À l'aide d'un rouleau, coupez l'excédent de pâte et ôtez-le. **REMONTEZ LA BORDURE** intérieure sur le dessus de la tarte et pincez-la afin de réaliser un décor. Piquez le fond de pâte à l'aide d'une fourchette. Déposez la tarte sur une plaque de cuisson recouverte de papier sulfurisé.

DÉPOSEZ UN SECOND PAPIER sulfurisé dans le fond de tarte et remplissez de poids, de fèves ou de farine. Enfournez pour 20 minutes. À la sortie du four, retirez le papier et les poids, puis réservez.

Pour les fruits, préchauffez votre four à 180 °C. **ÉPLUCHEZ** les pommes et les poires puis coupez-les en 8. Rangez les fruits sur une plaque de cuisson recouverte d'un papier sulfurisé, badigeonnez-les de beurre allégé fondu, saupoudrez de CANDEREL Sucralose®, de Vanilla® et parsemez de thym. Enfournez pour 25 minutes.

LAISSEZ REFROIDIR, puis rangez les fruits dans le fond de tarte. Décorez avec le thym fleuri. Badigeonnez d'un peu de beurre allégé fondu puis enfournez le tout pour 15 minutes. Démoulez à la sortie du four et **DÉGUSTEZ TIÈDE.**

TARTE TATIN

Nombre de calories :
266,8 Kcal
par personne
-21,6 %
Réduction calorique :

45 G DE GLUCIDES

Préparation : 20 min
Cuisson : 1 h 05

Pour 8 personnes

INGRÉDIENTS

12 pommes golden
3 cuil. à soupe de caramel d'oranges
2 sticks de Vanilla®
50 g de beurre allégé
300 g de pâte brisée (voir recette de base)

Pour le caramel d'oranges

500 g de jus d'oranges pressées
10 g de CANDEREL Sucralose®

Préchauffez le four à 180° C.

PRÉPAREZ LE CARAMEL. Versez le CANDEREL Sucralose® dans une casserole à fond épais avec le jus d'orange, et faites réduire à feu moyen jusqu'à l'obtention d'un caramel régulier (c'est-à-dire homogène et d'une couleur uniforme). Répartissez bien le caramel dans les moules.

PELEZ ET COUPEZ les pommes en 4, retirez le trognon et disposez-les en couches dans 8 moules (face bombée vers le moule) en les superposant légèrement. Saupoudrez de Vanilla® et parsemez de parcelles de beurre allégé. Enfournez pour 40 minutes. Sortez du four et laissez refroidir.

Étalez la pâte et coupez des ronds de la taille des moules, de 8 cm chacun, puis posez **CHAQUE MORCEAU DE PÂTE** sur les pommes confites. Enfournez pour 25 minutes. Servez tiède.

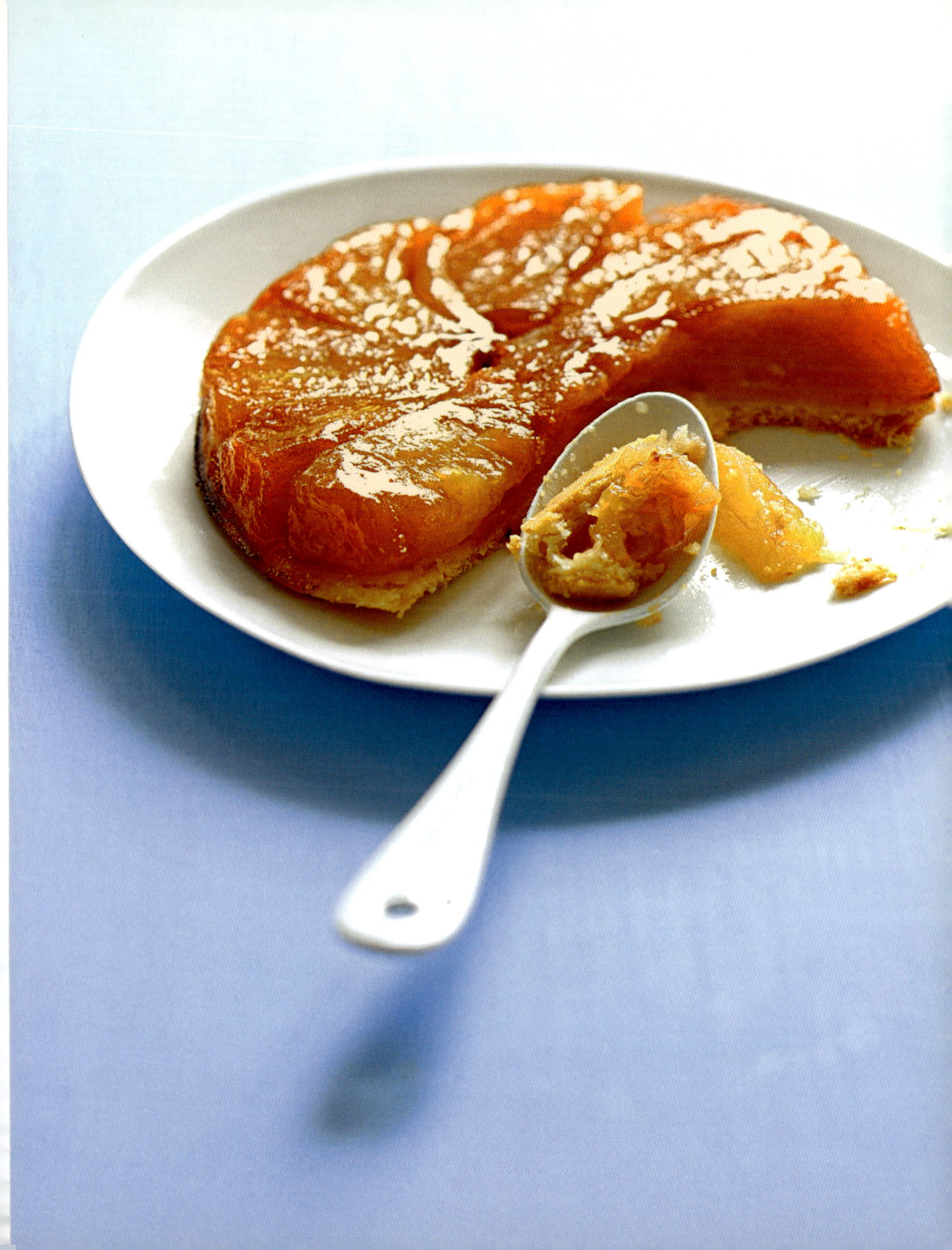

LE GÂTEAU DE «MILAN»

Nombre de calories :
497 Kcal
par personne
-33,2 %
Réduction calorique :

24,6 G DE GLUCIDES

Préparation : 20 min
Cuisson : 25 min

Pour 6 personnes

INGRÉDIENTS

200 g de chocolat noir
de 60 à 70% de cacao
200 g de beurre allégé
en morceaux
4 œufs entiers
20 g de CANDEREL Sucralose®
70 g de farine tamisée
30 g de poudre d'amandes
+ 15 g de beurre allégé
et 2 cuil. à soupe de farine
pour le moule

Pour le décor

50 g d'amandes effilées torréfiées

Préchauffez votre four à 180 °C (Th 6/7).

Beurrez et farinez votre moule. **CONCASSEZ** le chocolat et faites-le fondre au bain-marie (ou au micro-ondes). Lorsque le chocolat est fondu, ajoutez le beurre allégé en morceaux, et mélangez jusqu'à l'obtention d'un **ENSEMBLE HOMOGÈNE** et tiède. Réservez.

Séparez les blancs d'œufs des jaunes. Placez les jaunes dans un récipient, ajoutez la moitié du CANDEREL Sucralose® puis fouettez vivement durant 2 minutes. Lorsque le mélange à **BLANCHI** et presque doublé de volume, versez-le dans le chocolat fondu. Mélangez et réservez.

Battez les blancs d'œufs en neige en leur incorporant la deuxième partie du CANDEREL Sucralose® au fur et à mesure. Lorsque vous avez obtenu **UNE MERINGUE ASSEZ FERME,** ajoutez-la au mélange précédent à l'aide d'une spatule en silicone.

Ajoutez **LA FARINE TAMISÉE ET LA POUDRE D'AMANDES.** Versez ensuite cette pâte dans le moule préparé puis enfournez au milieu de votre four pour 25 minutes environ. Laissez le gâteau complètement refroidir avant de le démouler. Décorez-le d'amandes effilées.

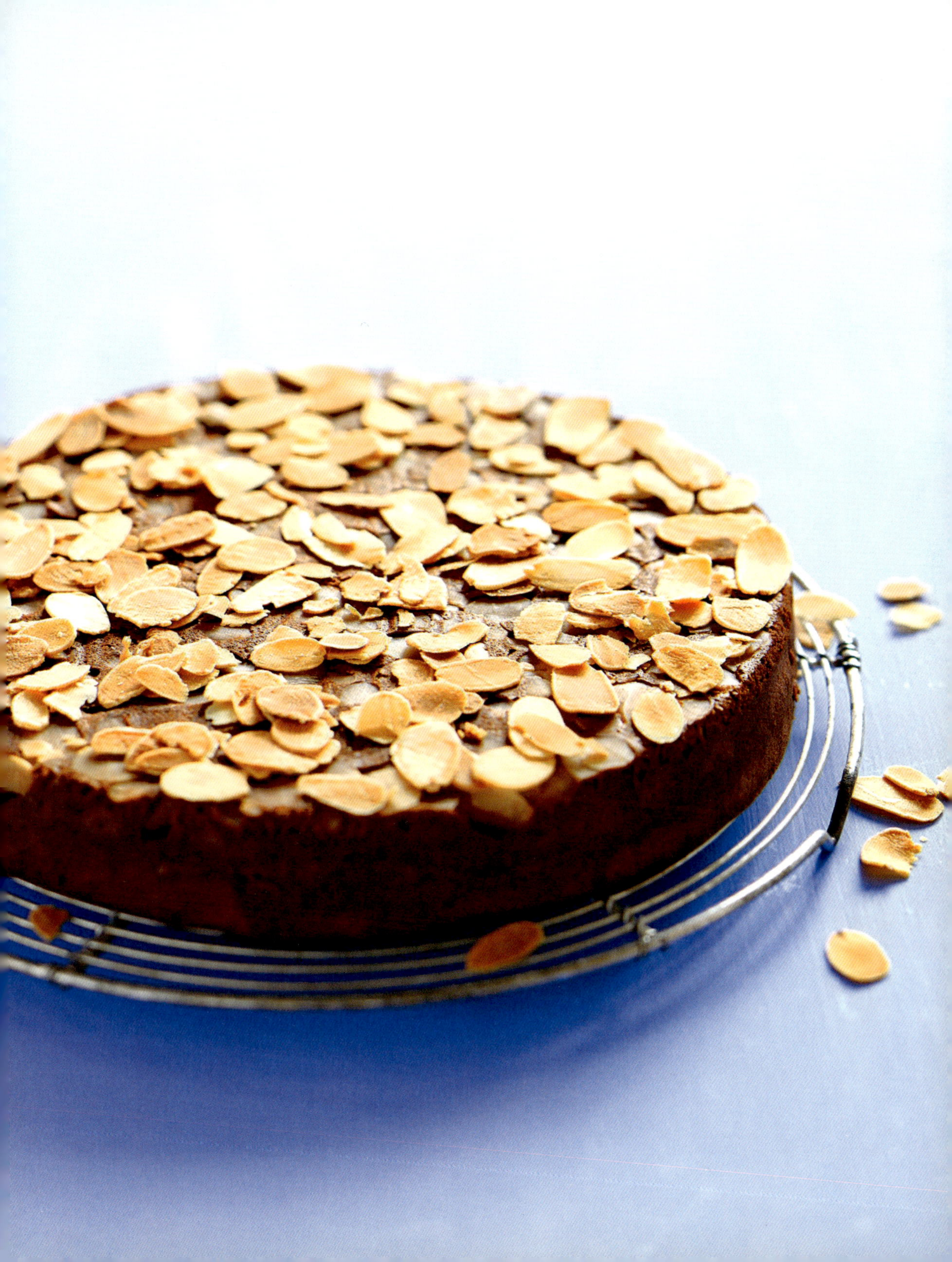

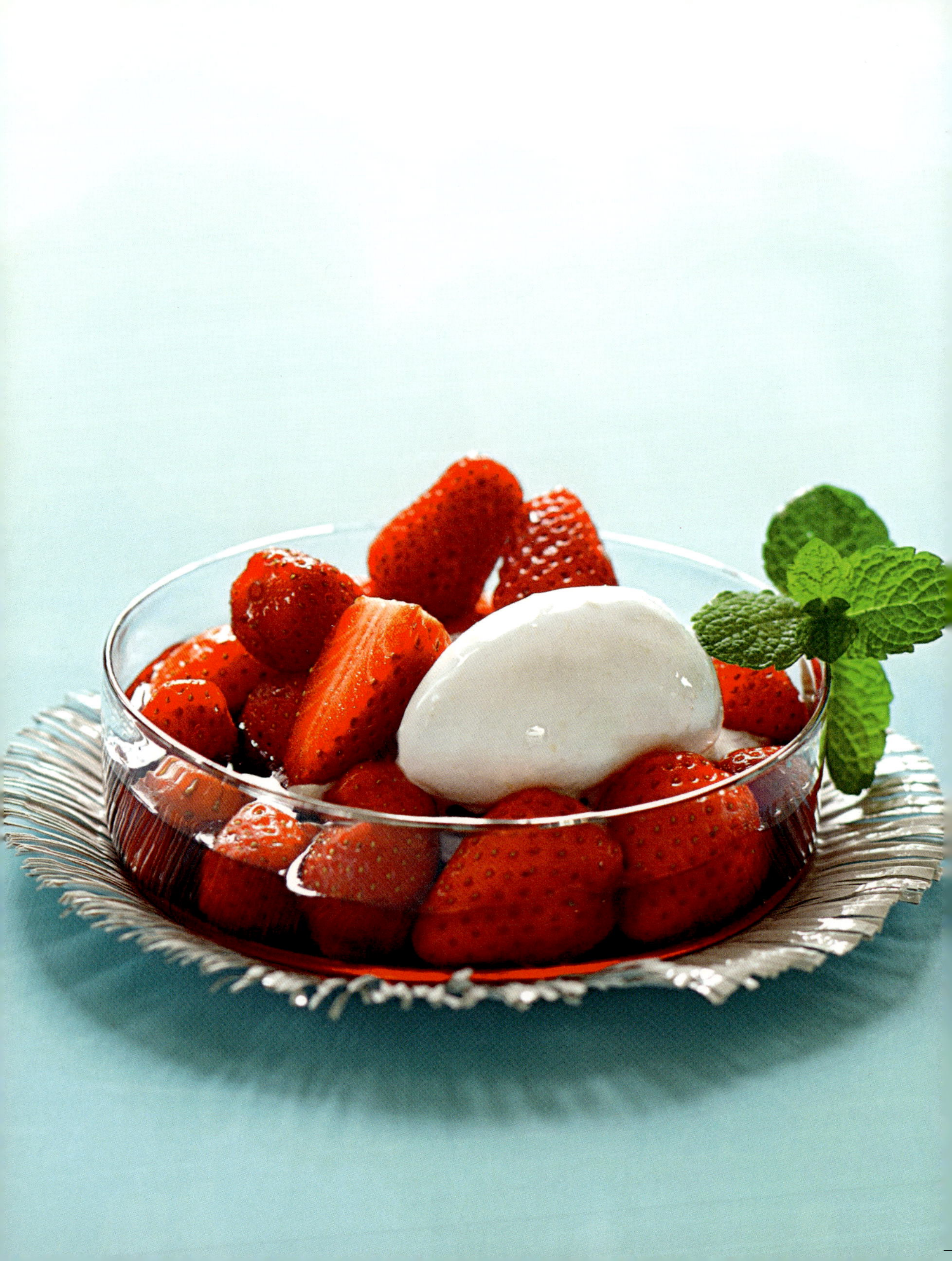

CROQUE FRAISE AU VIN «ROUGE D'ALSACE»

Nombre de calories : 179 Kcal par personne
Réduction calorique : -53 %

17,1 G DE GLUCIDES

Temps de préparation : 30 min
Temps de cuisson : 10 min

Pour 4 personnes

INGRÉDIENTS

Une trentaine de belles fraises
10 g de CANDEREL Sucralose®
7 cl d'eau minérale
1/2 bouteille de pinot noir

Pour le sorbet fjord

250 g de yaourt Fjord
7 g de CANDEREL Sucralose®
80 g de crème légère liquide
200 g de lait entier
1 zeste de citron
1 jus de citron

COMMENCEZ par réaliser le sorbet Fjord. Mélangez le CANDEREL Sucralose® et la crème légère liquide.

CHAUFFEZ le lait à 50 °C et ajoutez le mélange CANDEREL Sucralose®/crème légère, chauffez l'ensemble puis versez sur le reste des ingrédients. Faites glacer en sorbetière.

Pendant ce temps, pour les fraises, versez l'eau et le CANDEREL Sucralose® dans une casserole à fond épais puis faites chauffer le tout à feu moyen. Lorsque le mélange commence à BOUILLIR, ajoutez le vin.

LAISSEZ REFROIDIR quelques instants avant d'y plonger les fraises. Après quelques heures de MACÉRATION au réfrigérateur, rectifiez si besoin (selon le taux de sucre des fruits) la dose de CANDEREL Sucralose®. Servez les fraises avec le sorbet Fjord.

SIROP DE FRAISES

Nombre de calories : 650,2 Kcal pour 75 cl
Réduction calorique : -84,7 %

17,1 G DE GLUCIDES

Préparation : 15 min
Cuisson : 15 min

Pour environ 75 cl

INGRÉDIENTS
1 kg de fraises
100 g de CANDEREL Sucralose®
1 gousse de vanille
10 cl d'eau

Lavez les fraises et **ÉQUEUTEZ-LES.**

Mixez-les avec le CANDEREL Sucralose®, versez le mélange dans un récipient. **FENDEZ** la gousse de vanille en 2, grattez les graines et intégrez-les. Mélangez bien, couvrez et laissez **MACÉRER** le tout jusqu'au lendemain.

Portez le mélange à ébullition dans une casserole avec l'eau, laissez bouillir 10 minutes, filtrez la préparation avec une passoire fine. Laissez **REFROIDIR** le sirop avant de le mettre en **BOUTEILLE.** Servez avec des glaçons et de l'eau minérale.

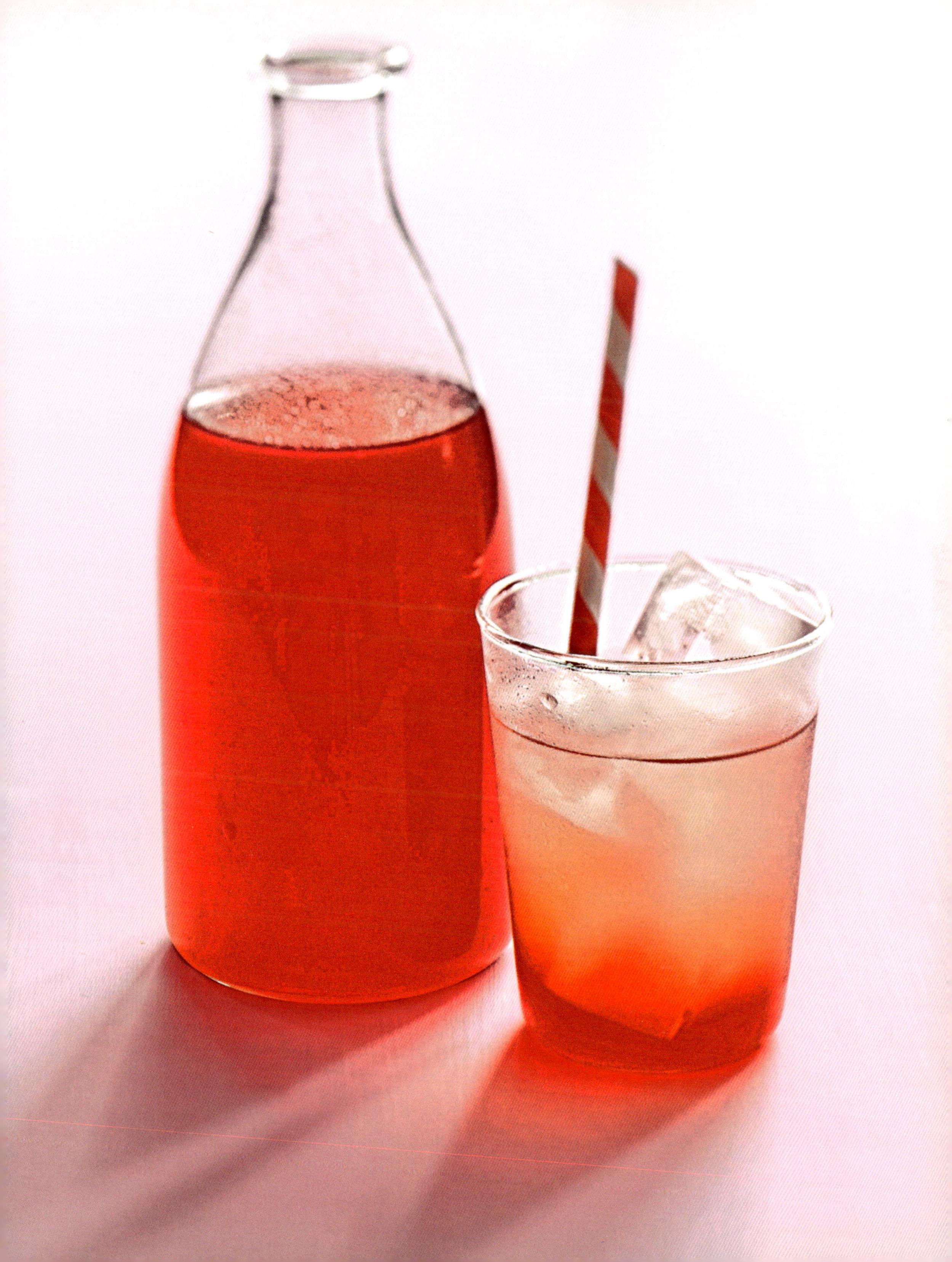

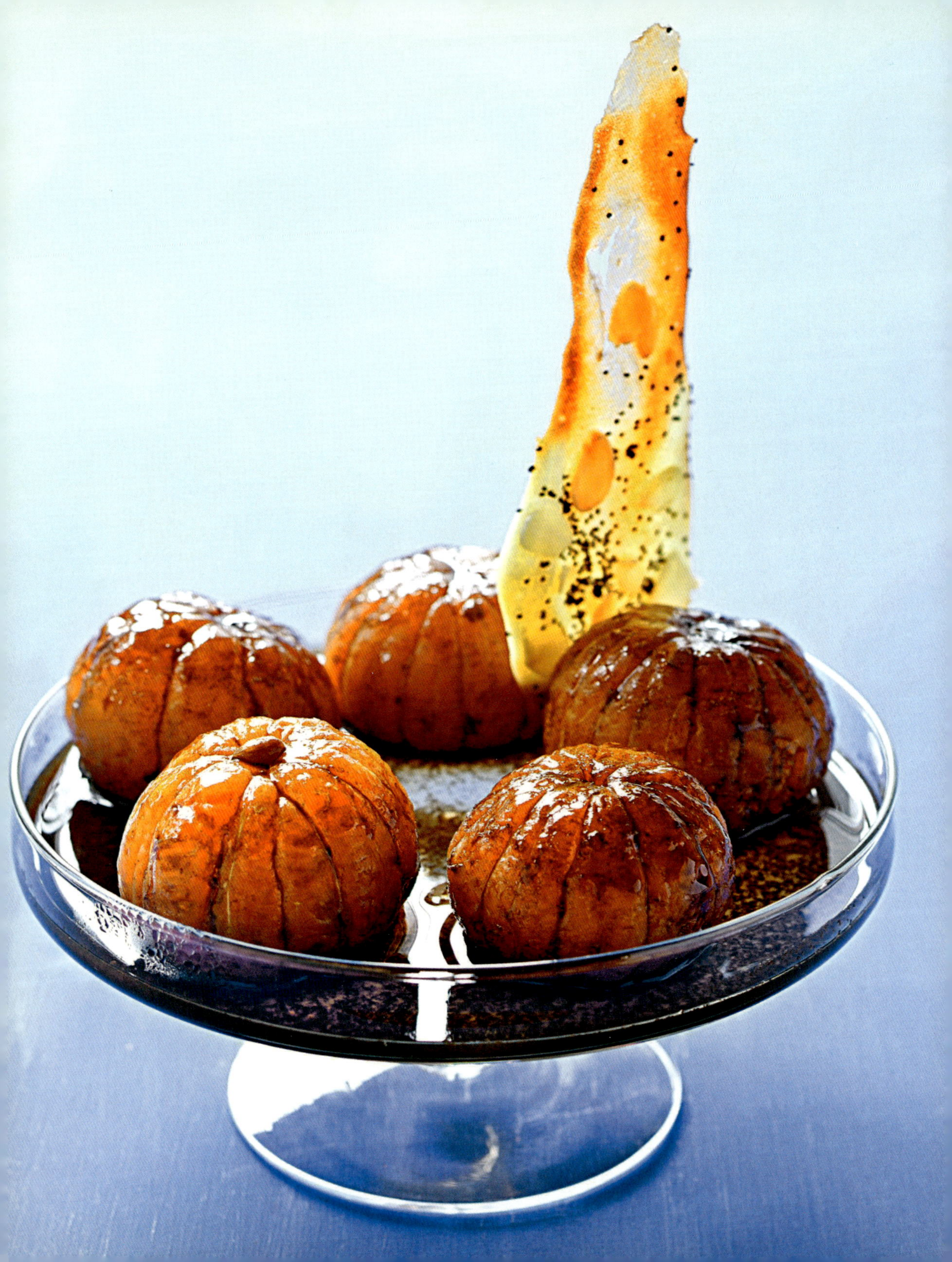

CLÉMENTINES DE CORSE BALSAMIQUE

Nombre de calories : 240 Kcal par personne
Réduction calorique : -52,5 %

25,5 G DE GLUCIDES

Temps de préparation : 30 min
Temps de cuisson : 10 min

Pour 5 personnes

INGRÉDIENTS

Pour les clémentines
5 clémentines
15 g de CANDEREL Sucralose®
80 g de vinaigre balsamique
20 g de beurre allégé

Pour la pâte à tuiles
3 blancs d'œufs
10 g de CANDEREL Sucralose®
100 g de farine
100 g de beurre allégé fondu refroidi
20 g d'amandes effilées

Graines de pavot
1 cuil. à café de vanille liquide
1 pointe de sel

ÉPLUCHEZ ET PELEZ LES CLÉMENTINES minutieusement. Versez le vinaigre balsamique, le CANDEREL Sucralose® et le beurre allégé dans une poêle sur feu vif. Une fois le vinaigre réduit, ajoutez les clémentines et faites-les rouler dans la réduction hors du feu. Déposez-les bien nappées dans un plat.

PRÉPAREZ LA PÂTE À TUILES. Préchauffez le four à 200 °C. Dans un saladier, mélangez avec une spatule les blancs d'œufs, le CANDEREL Sucralose® et la farine. Une fois **LE MÉLANGE LISSE,** incorporez le beurre allégé fondu et froid.

APPLIQUEZ CETTE PÂTE à la spatule directement sur une plaque à four légèrement beurrée et farinée. Saupoudrez d'amandes effilées, de graines de pavot et d'une pointe de sel. Enfournez pour 7 à 10 minutes (attention, la cuisson est très rapide). Retirez-les de la plaque dès la sortie du four et **RÉSERVEZ** sur une assiette.

DÉGUSTEZ les clémentines balsamique accompagnées des tuiles croustillantes.

MANGEZ CHAUD !

RECETTES DE BASE

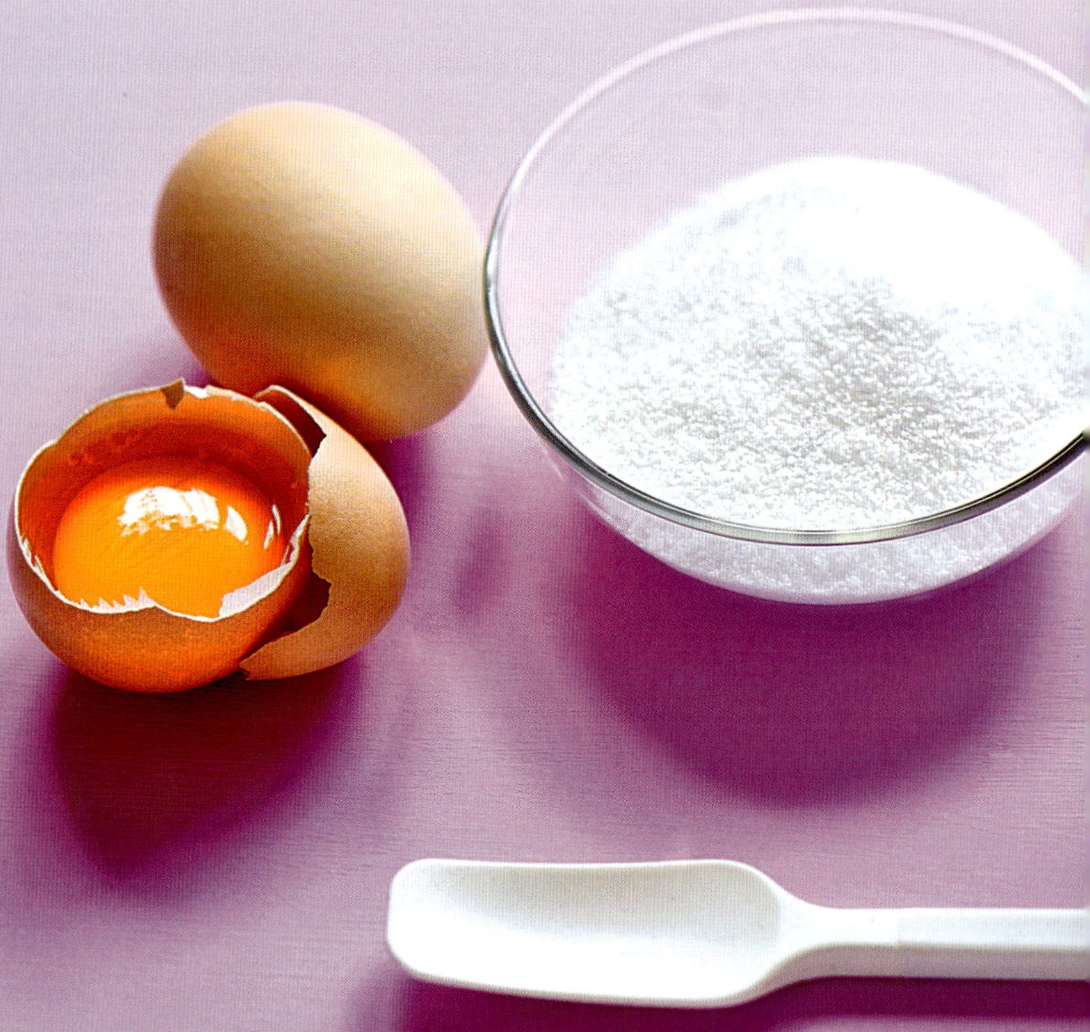

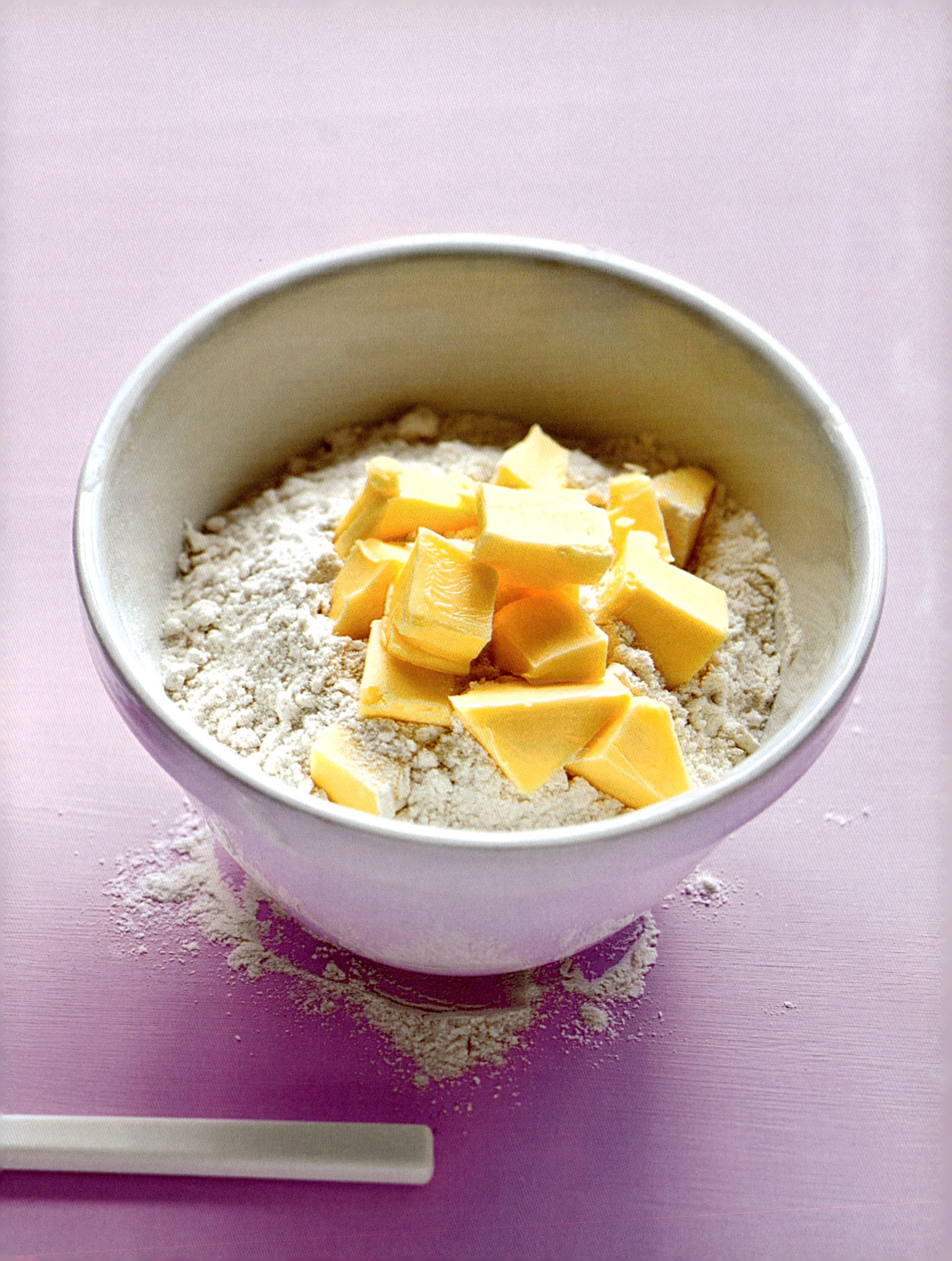

LA PÂTE FEUILLETÉE MAISON

Nombre de calories : 3258,2 Kcal
Réduction calorique : -28,8 %

Préparation : 15 min
Repos : 6 h

Pour 1135 g de pâte

INGRÉDIENTS
500 g de farine
10 g de sel fin
250 g d'eau froide
375 g de beurre allégé

Déposez la farine sur la table. **CREUSEZ UN PUIT** au milieu. Ajoutez le sel et l'eau. Mélangez délicatement en incorporant la farine petit à petit jusqu'à l'obtention d'une pâte.
La qualité finale de la pâte dépend de la façon de mélanger : moins la pâte est brusquée, meilleur sera le résultat. Enveloppez-la dans du film alimentaire et réservez-la pendant **2 HEURES AU RÉFRIGÉRATEUR.**

Sortez la pâte du réfrigérateur. Étalez-la sur 1 cm d'épaisseur et posez au milieu 375 g de beurre allégé tempéré et aplati sur 1 cm d'épaisseur. **EMBALLEZ LE BEURRE ALLÉGÉ** de pâte, comme un paquet cadeau.

FARINEZ LA TABLE et étalez la pâte sur 30 cm de long et 15 cm de large. Pliez-la en trois : repliez une extrémité au milieu, ainsi que l'autre extrémité sur le dessus.
Mettez au réfrigérateur pendant 10 minutes.

RECOMMENCEZ L'OPÉRATION une fois, puis laissez reposer au réfrigérateur pendant 2 heures ou, mieux, une nuit. Recommencez encore trois fois, puis réservez au réfrigérateur pendant 1 heure, étalez la pâte que vous avez utilisée et congelez le restant.

LA PÂTE À CHOUX

Nombre de calories : 1508,6 Kcal
Réduction calorique : -22,8%

Préparation : 20 min

Pour 750 g de pâte à choux

INGRÉDIENTS

10 cl d'eau
15 cl de lait écrémé
1 cuil. à café de CANDEREL Sucralose®
1/2 cuil. à café de sel fin
115 g de beurre allégé
140 g de farine tamisée
5 ou 6 œufs entiers
+ 1 œuf pour la dorure

Dans une casserole, versez l'eau, le lait écrémé, le CANDEREL Sucralose®, le sel et le beurre allégé en morceaux, et faites chauffer ce mélange à **FEU MOYEN.** Lorsque le beurre allégé est complètement fondu et le mélange bien chaud, ôtez la casserole du feu.

Ajoutez alors la farine en pluie, tout en remuant avec un fouet. Continuez de mélanger jusqu'à ce que la farine soit **TOTALEMENT ABSORBÉE.**

Remettez la casserole sur feu moyen, tout en continuant de mélanger durant 30 secondes afin de dessécher la pâte. Lorsqu'elle est suffisamment desséchée, déposez-la dans un récipient **POUR ARRÊTER LA CUISSON.**

Incorporez les œufs **UN PAR UN,** tout en fouettant. Continuez à incorporer les œufs petit à petit afin de **RÉGLER LA CONSISTANCE** de la pâte. Elle ne doit être ni trop molle ni trop dure. Remplissez une poche à douille munie d'une douille lisse de la préparation.

TABLES DE RECETTES

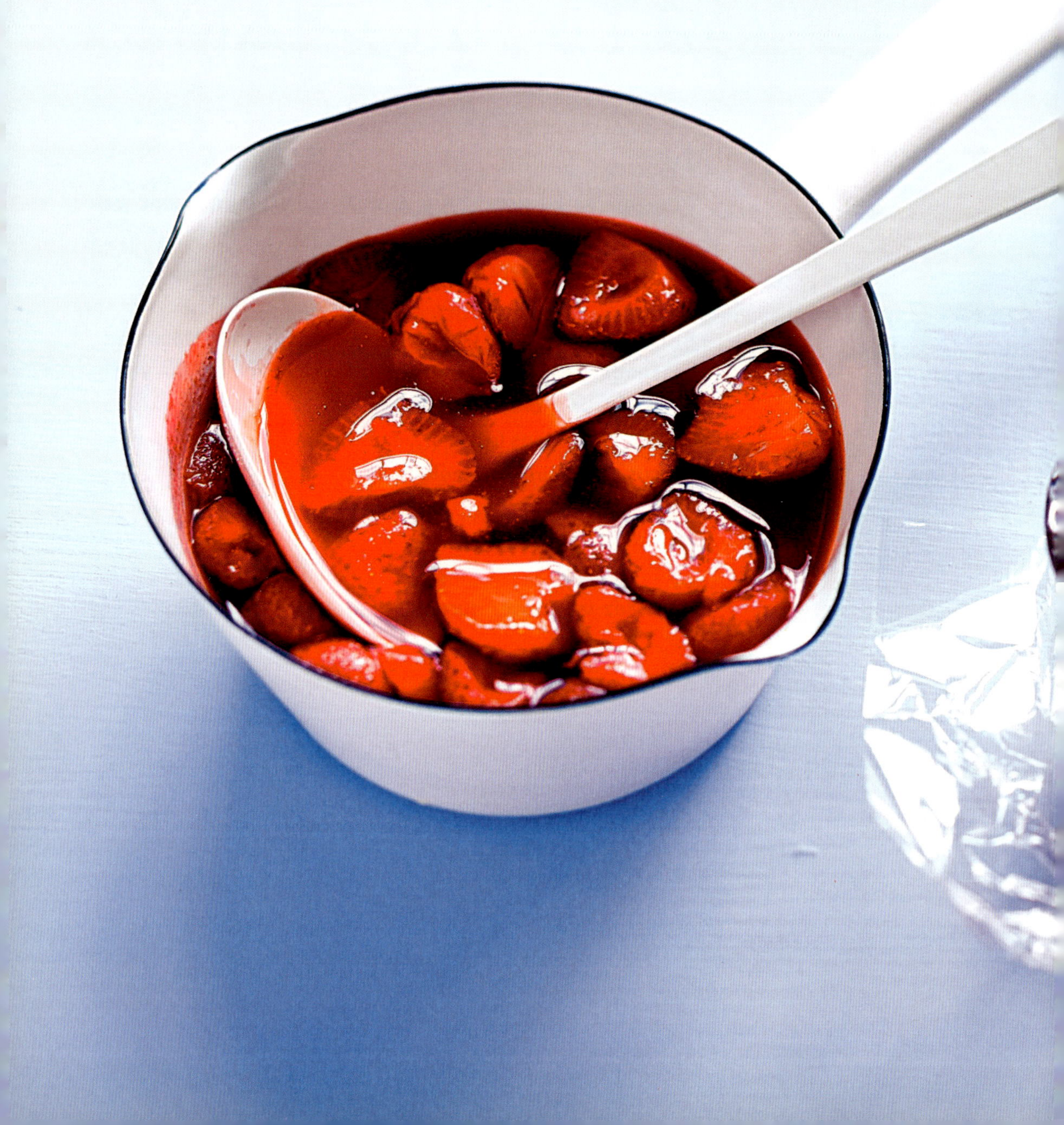

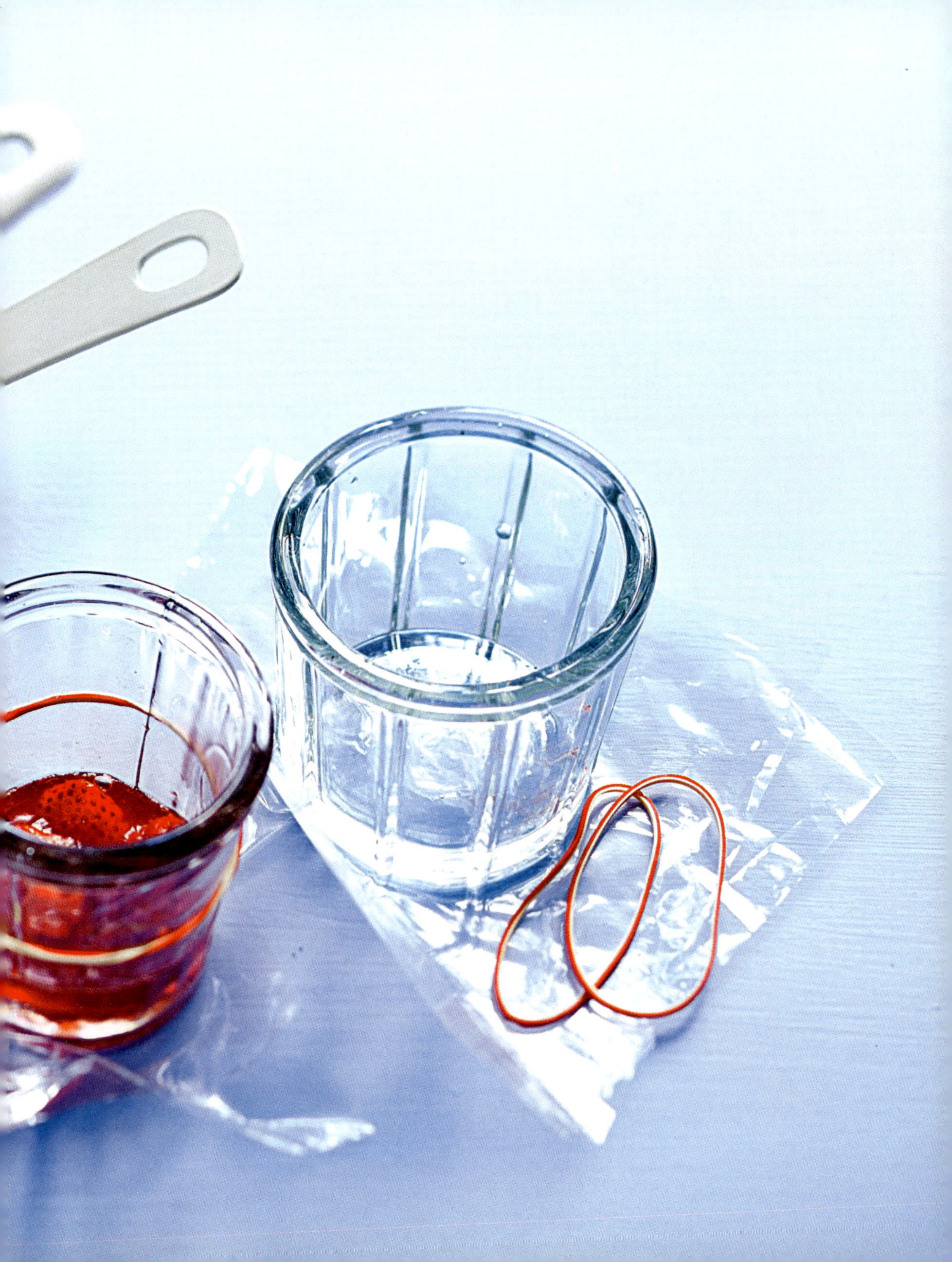

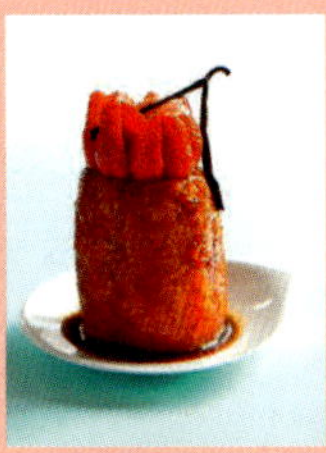

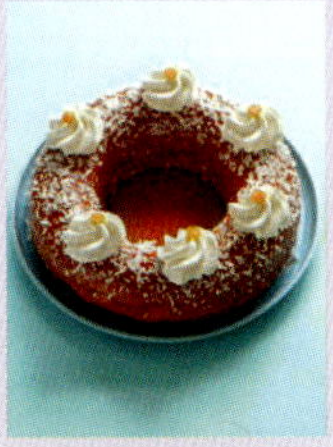

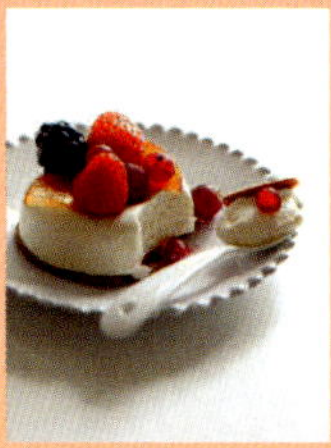

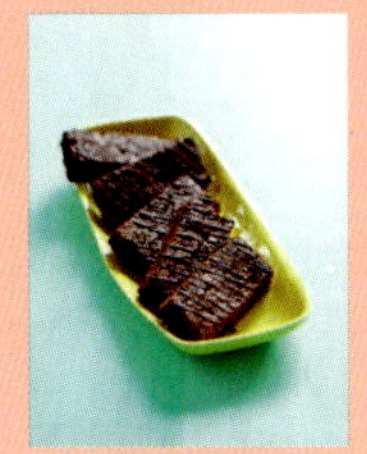

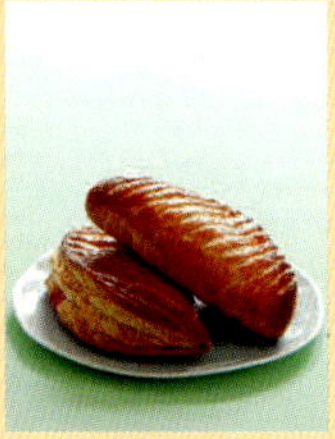

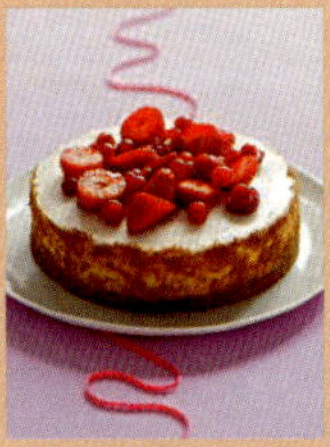

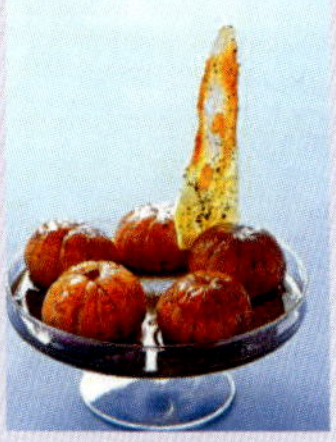

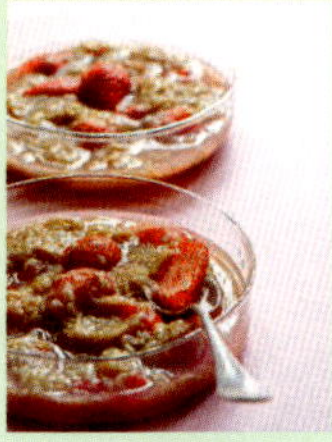

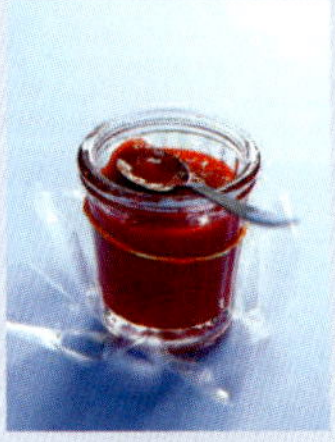

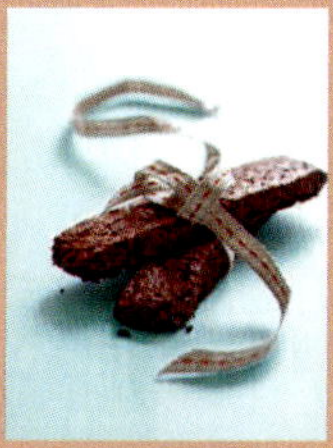

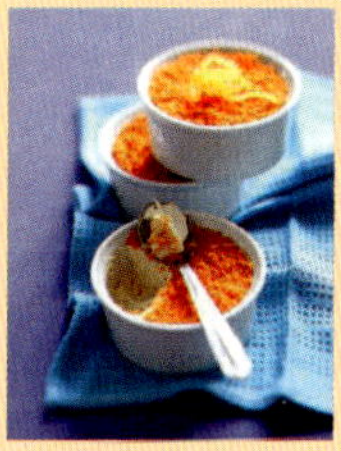

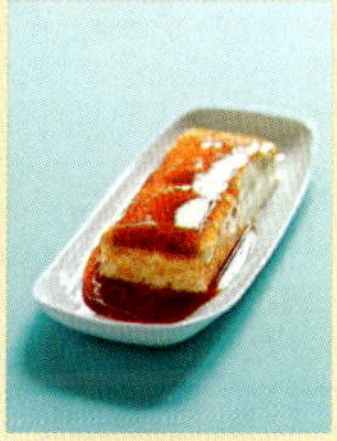

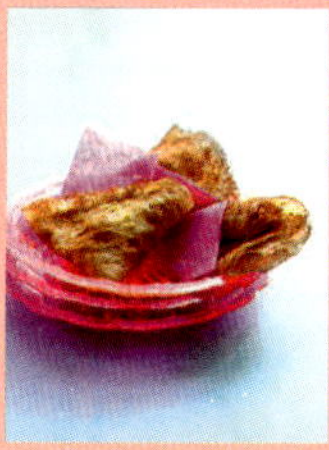

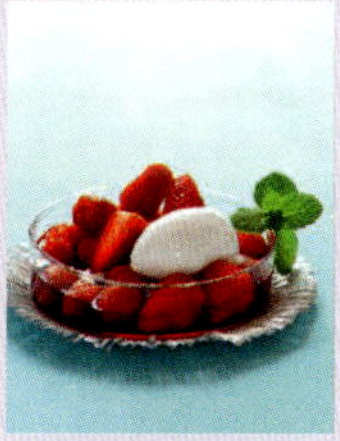

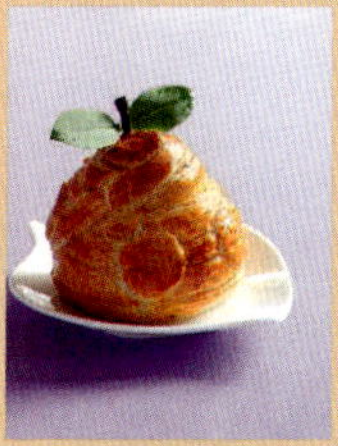

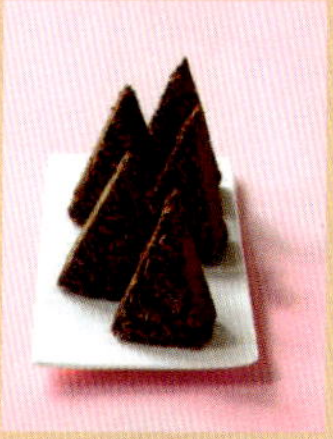

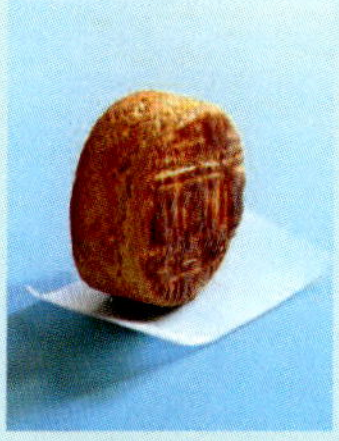

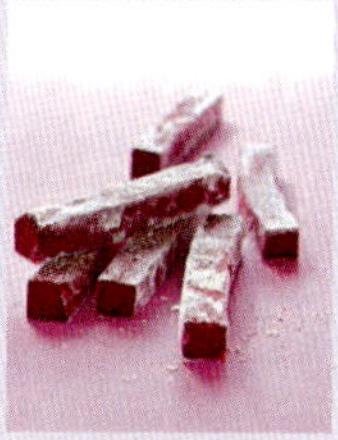

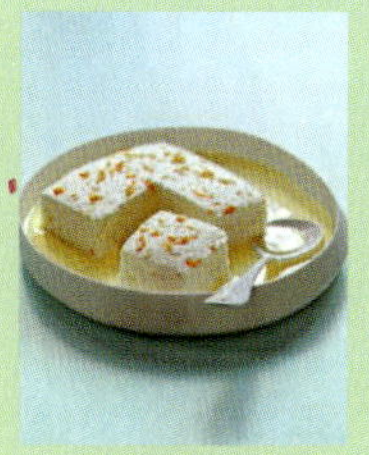

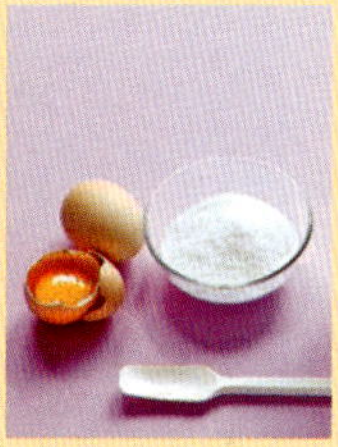

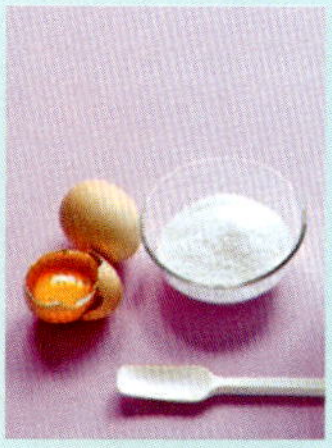

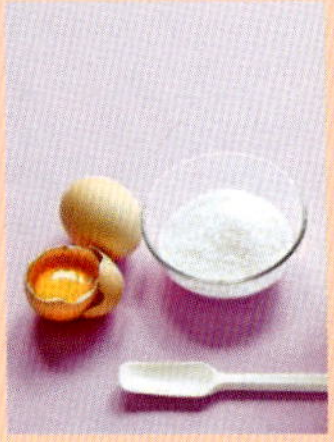

La pâte
feuilletée maison
124

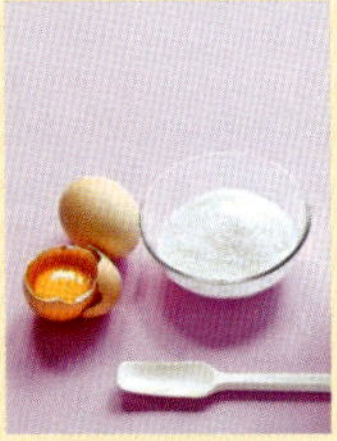

La pâte
sucrée
131

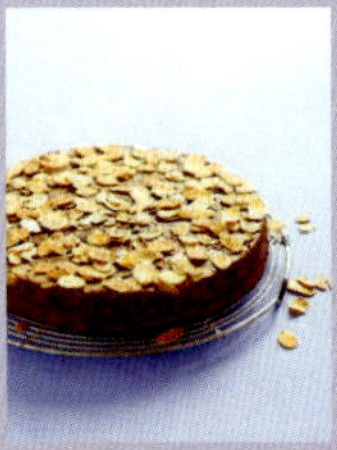

Le gâteau
de «Milan»
114

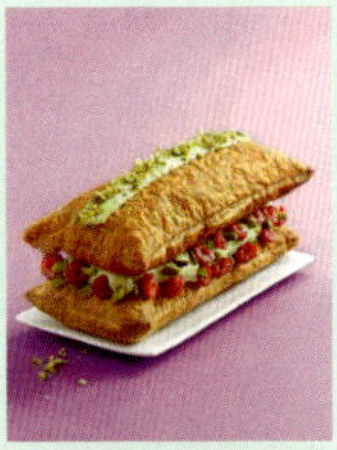

Mille-feuilles
aérien pistache
framboise 51

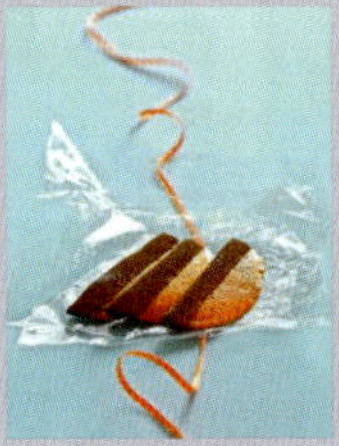

Oranges confites
au chocolat
81

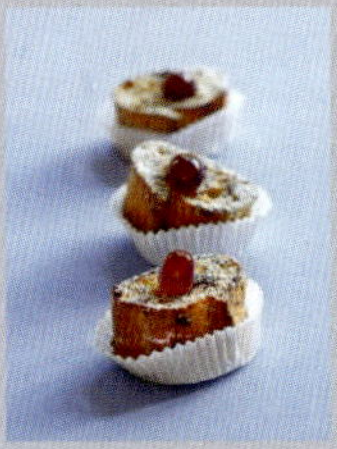

Pain perdu
à la vanille
97

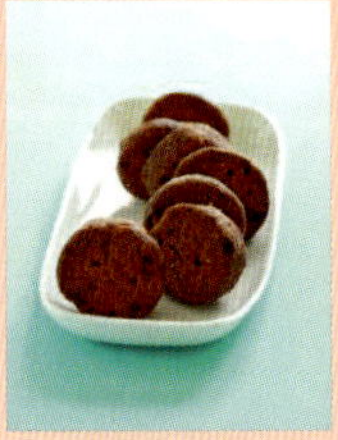

Palets bretons
au cacao
25

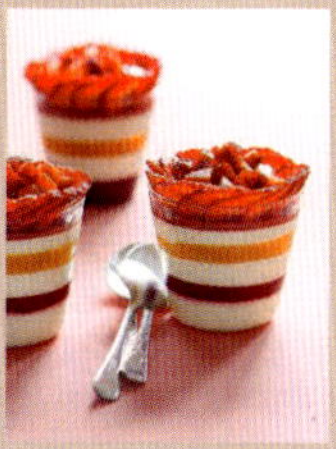

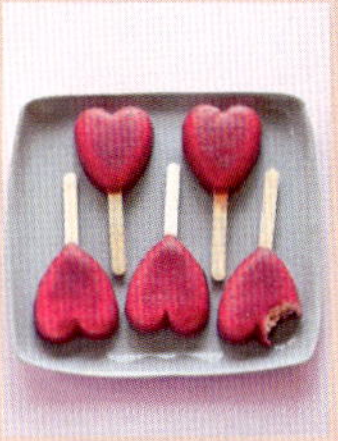

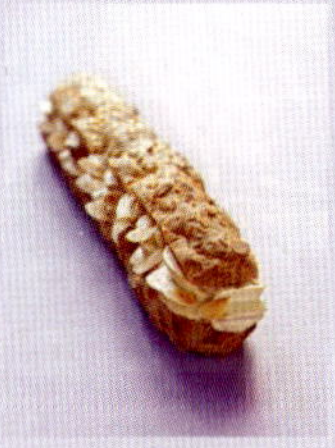

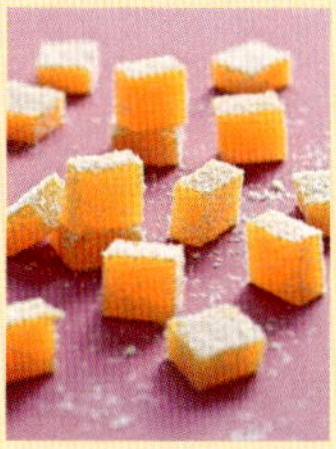

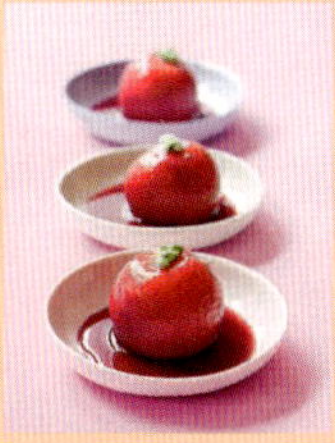

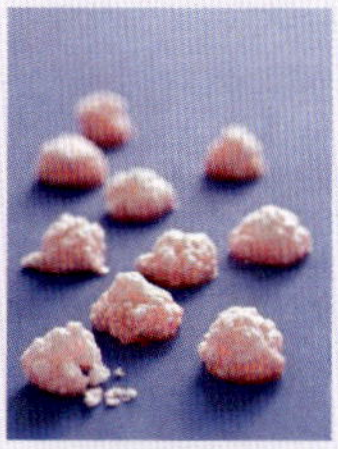

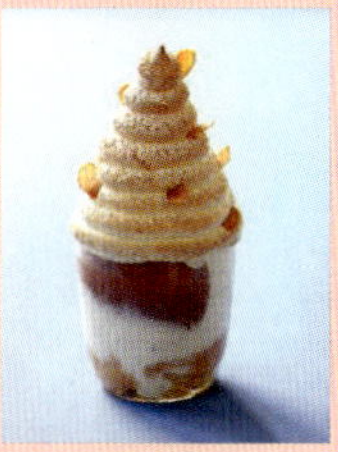

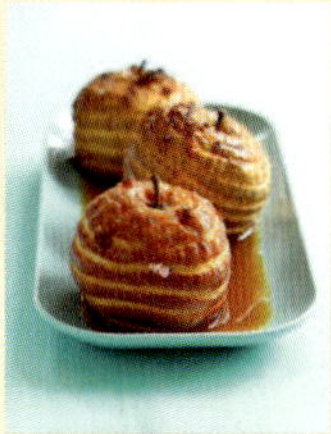

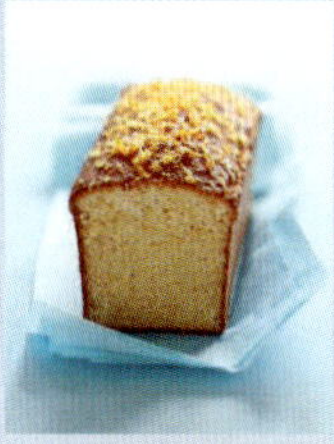

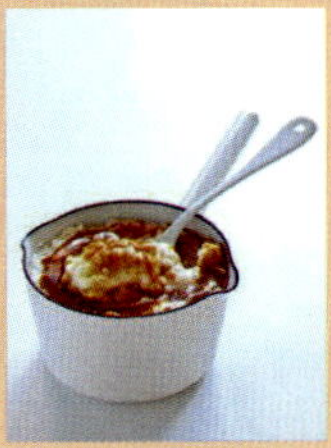

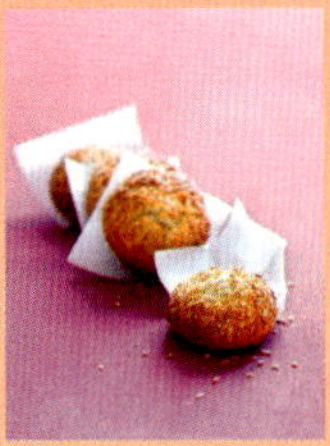

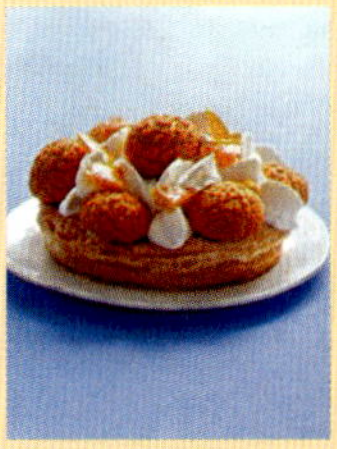

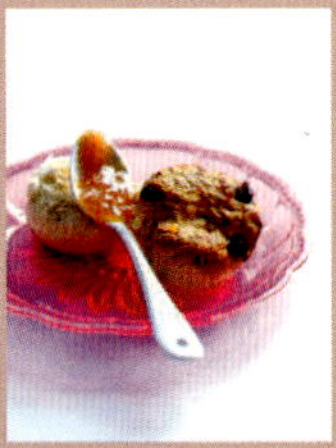

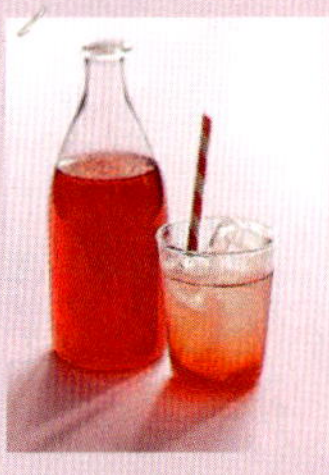

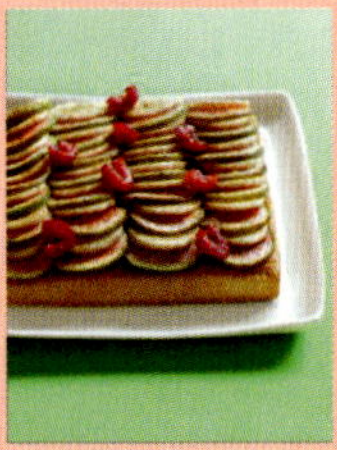

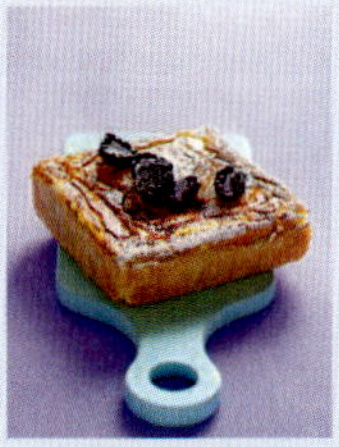

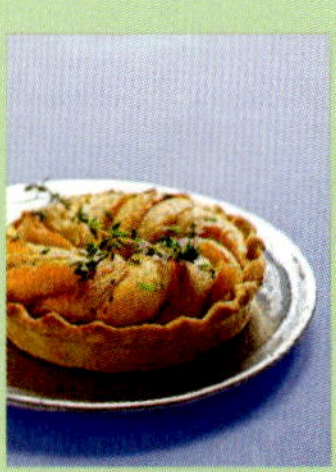

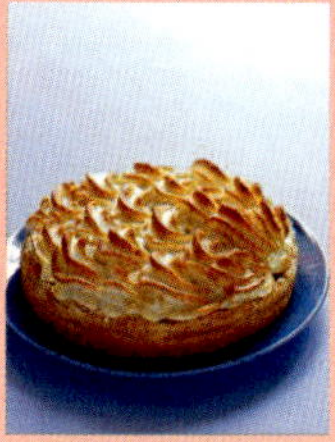

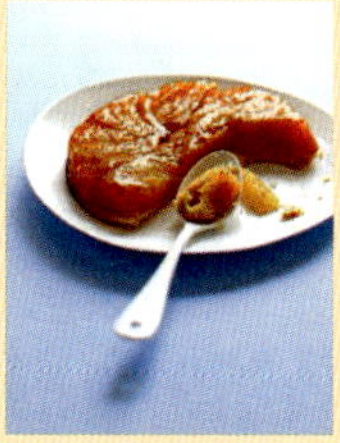

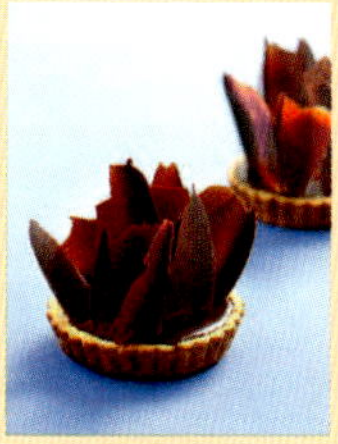

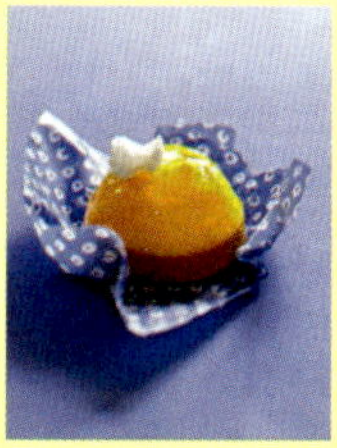

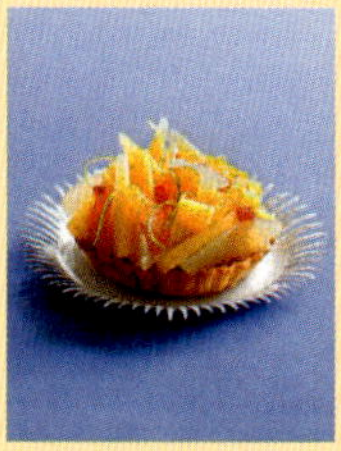

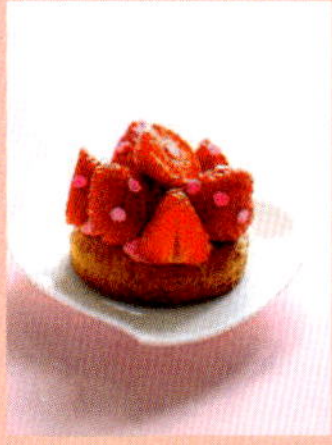

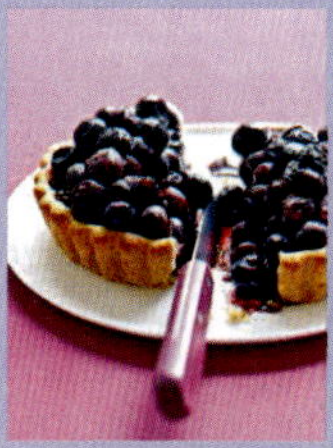

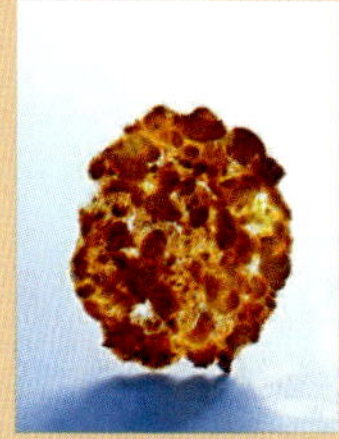

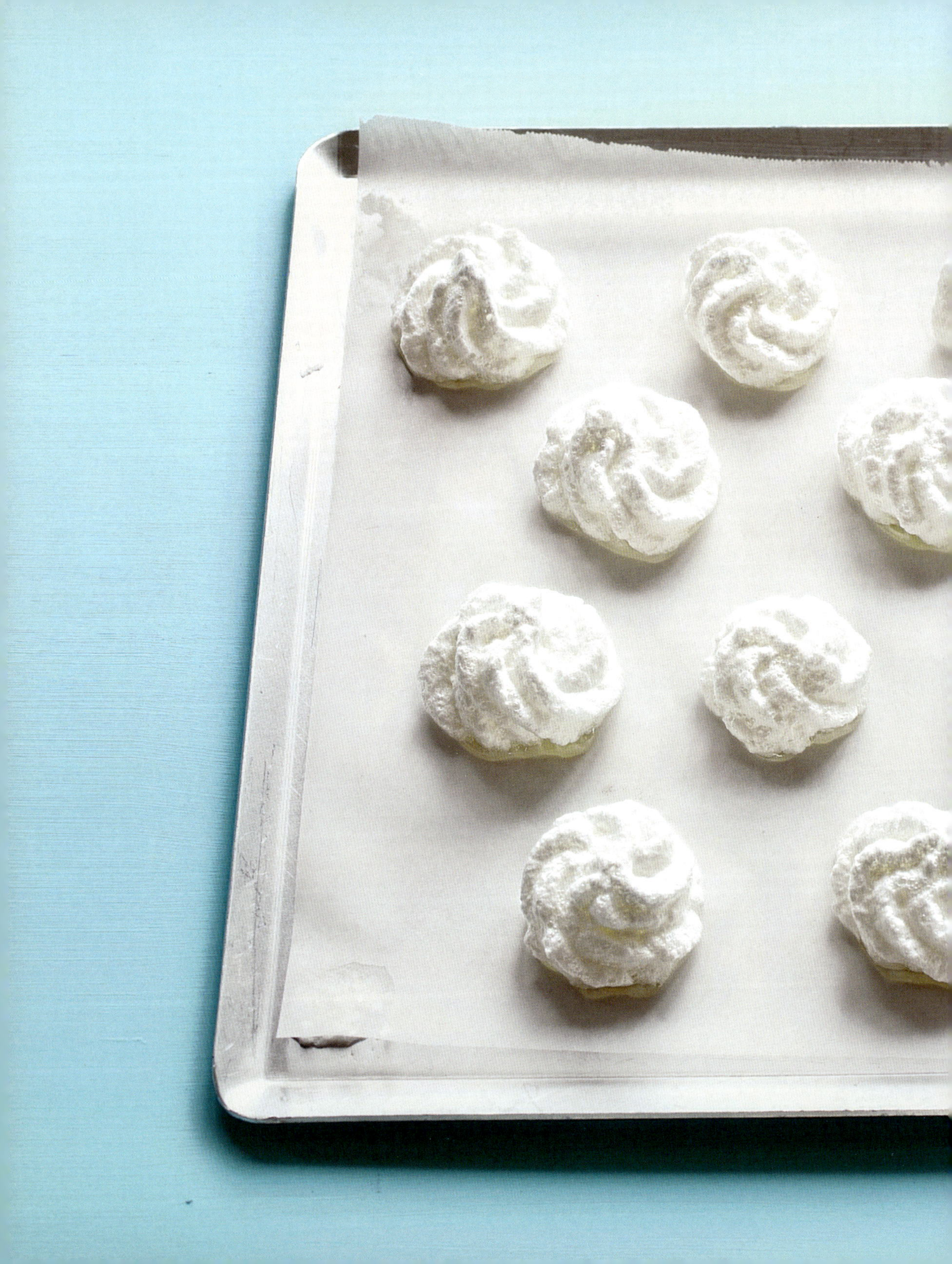

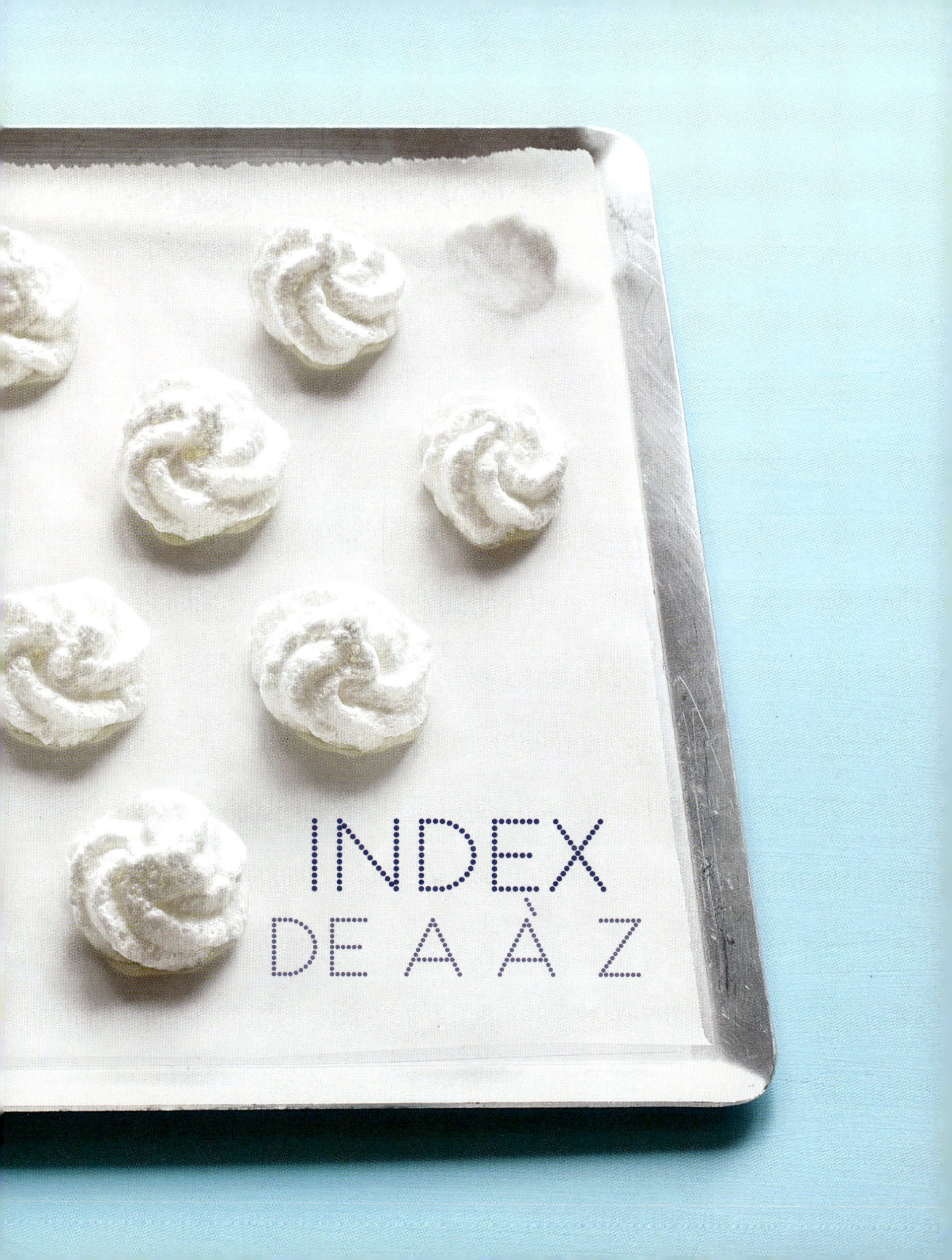

INDEX DE A À Z

INDEX INGRÉDIENTS CANDEREL

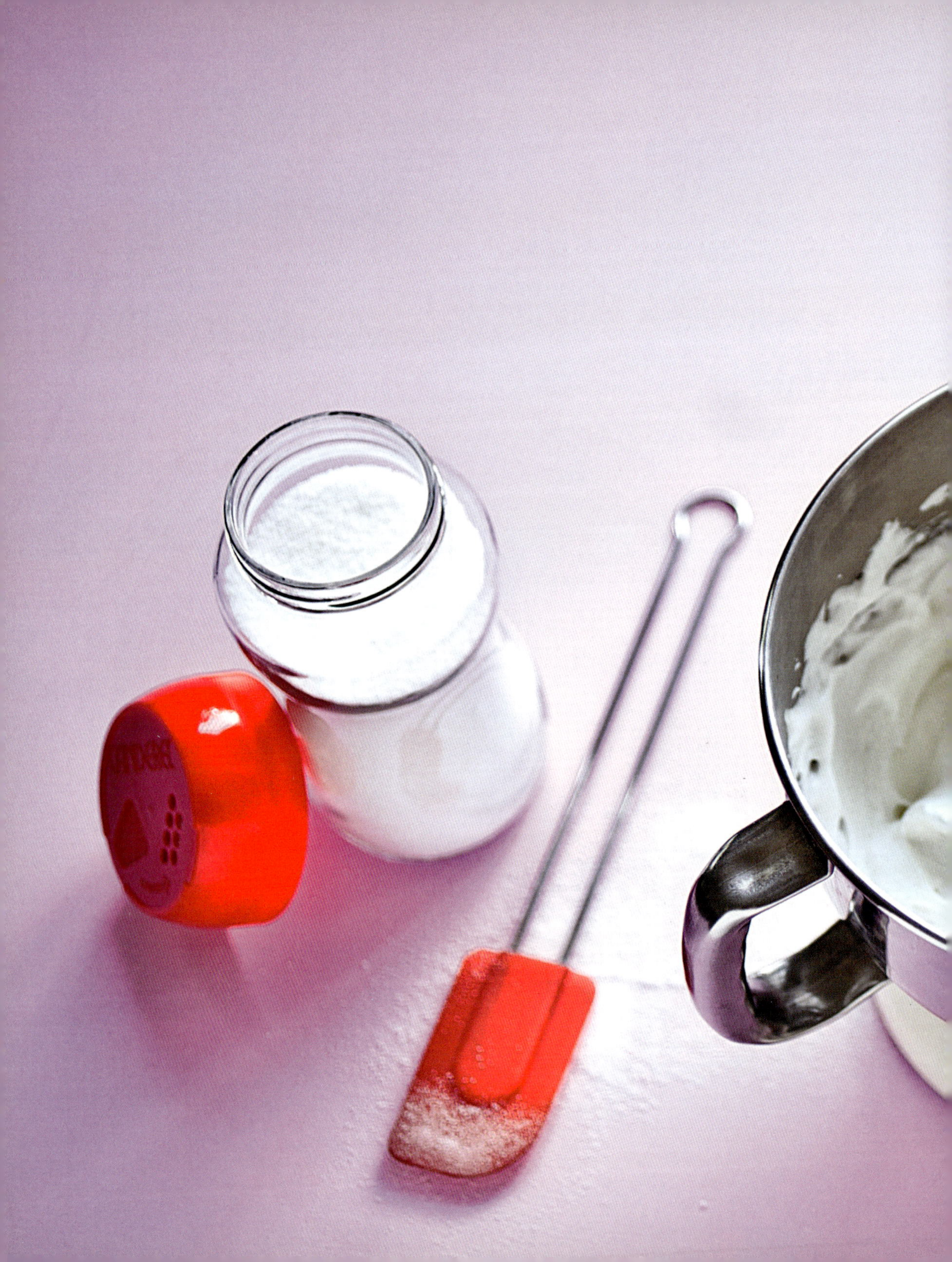

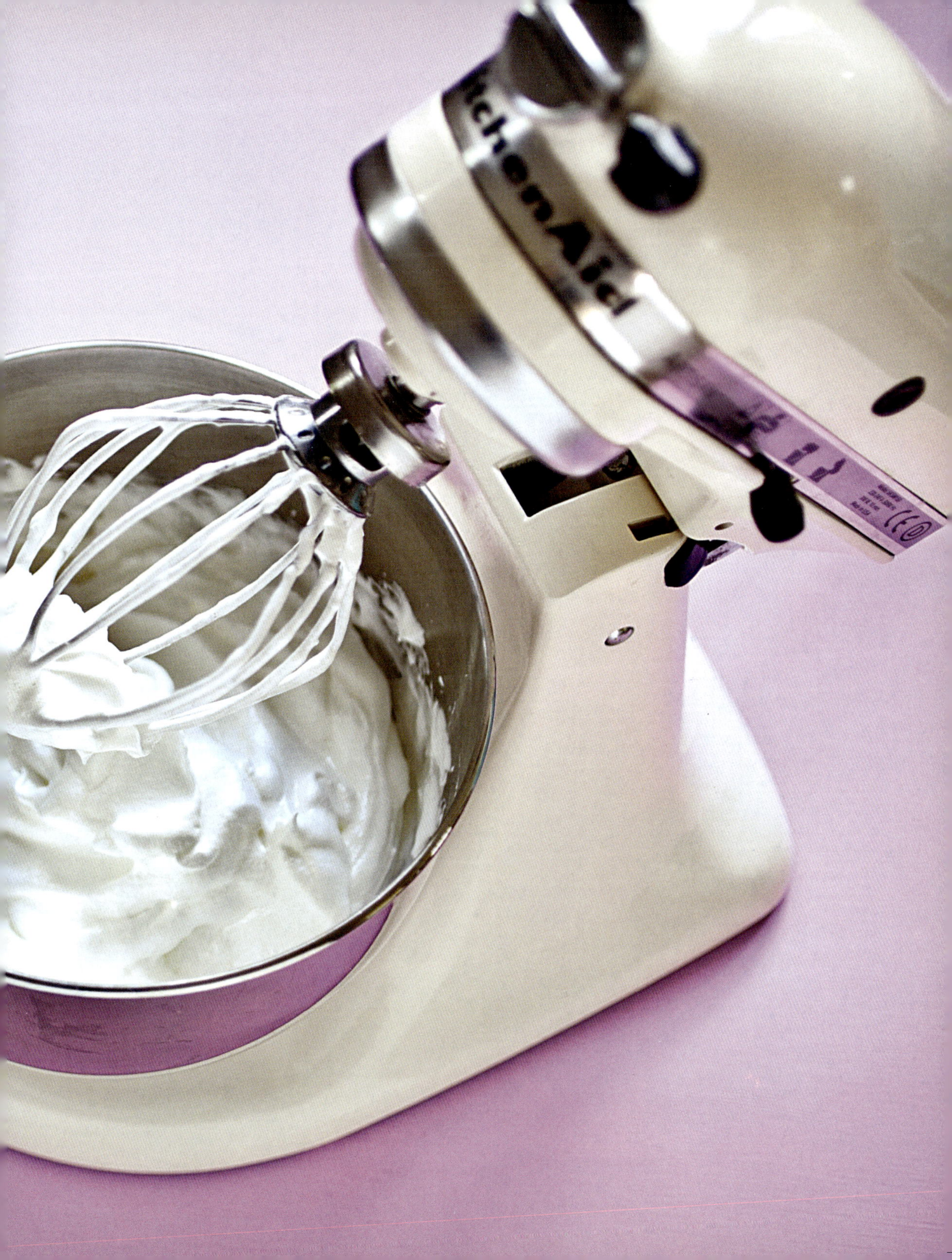

REMERCIEMENTS

Christophe Felder adresse ses remerciements...

Au Big Boss !

Aux équipes des Éditions de La Martinière.

À Florence Lécuyer qui pétille d'idées, merci !

À Michel Hénnin, le plus gourmand de qualité légère que je connaisse.

À Marjorie pour sa patience.

À Élise Bigot pour sa belle prise en main.

À Tiphaine pour sa rapidité de compréhension des recettes.

À Catherine Madani pour sa lumière naturelle qu'on aime tant.

À Judith pour son aide, ainsi qu'à Betül, pour sa finesse de vue.

À Ollivier Christien pour sa disponibilité et son implication.

À Françoise Vauzeilles pour ses idées.

À ses tout proches et à sa famille.

Catherine Madani remercie « RESSOURCE, marchand de couleurs » pour les peintures utilisées dans cet ouvrage.

Photogravure : Articrom

Cet ouvrage a été achevé d'imprimer
en août 2012 sur les presses
de l'imprimerie Dedalo
à Valladolid
Dépôt légal : Septembre 2012
Imprimé en Espagne